Michael Cramer

Berliner Mauer-Radweg

Eine Reise durch die Geschichte Berlins

Ein original *bikeline*-Radtourenbuch

Esterbauer

Michael Cramer
bikeline®-Radtourenbuch Berliner Mauer-Radweg

A-3751 Rodingersdorf, Hauptstr. 31
Tel.: ++43/2983/28982-0, Fax: -500
E-Mail: bikeline@esterbauer.com
www.esterbauer.com

3. aktualisierte Auflage 2004

ISBN 3-85000-074-5

Bitte geben Sie bei jeder Korrespondenz die Auflage und die ISBN an!

Dank an alle, die uns bei der Erstellung dieses Buches tatkräftig unterstützt haben.
Das *bikeline*-Team: Birgit Albrecht, Beatrix Bauer, Grischa Begaß, Karin Brunner, Anita Daffert, Michaela Derferd, Roland Esterbauer, Maria Galbruner, Jutta Gröschel, Dagmar Güldenpfennig, Carmen Hager, Karl Heinzel, Veronika Loidolt, Michael Manuwarda, Mirijana Nakic, J. Andrea Ott, Maria Pfaunz, Andreas Prinz, Petra Riss, Martha Siegl, Gaby Sipöcz, Matthias Thal.
Bildnachweis: Archiv der Versöhnungsgemeinde: 124; Archiv Versöhnungskirche: 106, 108; Ben Wargin: 118, 116; Berlin Tourismus Marketing: 56; Christian Jungebloth: 109; M. Cramer: 40, 54, 74, 81, 97, 116, 34, 44, 74, 115; Dietrich Tietz: 25; Gerhard Hinz: 70; Matthias Tang: 123; Norbert Rauer: 72; Presse+Infoamt des Landes Berlin: 125, 13, 18, 22, 125, 128, 110; Stephan v. Dassel: 62, 28, 84, 90, 93, 118, 124, 22, 19, 10; Peter Trzeciok: 26, 27, 27, 32, 38, 42, 48, 50, 54, 66, 68, 68, 75, 78, 80, 82, 90, 92, 93, 94, 96, 98, 102, 104, 105, 111, 112, 113, 120, 122, 12, 16, 36, 84, 111, 114, 21, 24, 25, 28, 34, 52, 92, 94, 100

bikeline

Was ist bikeline?

Wir sind ein junges Team von aktiven Radfahrerinnen und Radfahrern, die 1987 begonnen haben, Radkarten und Radbücher zu produzieren. Heute tun wir dies als Verlag mit großem Erfolg. Mittlerweile gibt's bikeline© und cycline© Bücher in fünf Sprachen und in vielen Ländern Europas.

Um unsere Bücher immer auf dem letzten Stand zu halten, brauchen wir auch Ihre Hilfe. Schreiben Sie uns, wenn Sie Fehler oder Änderungen entdeckt haben. Oder teilen Sie uns einfach die Erfahrungen und Eindrücke von Ihrer Radtour mit.

Wir freuen uns auf Ihren Brief,

Ihre bikeline-Redaktion

Vorwort

Die Berliner Mauer ist wohl eines der bewegendsten Bauwerke des 20. Jahrhunderts. Sie zerteilte nicht nur eine Stadt – sie ist auch das Symbol der Teilung der Welt in zwei Blöcke. Im Nachhinein ist sie als Mahnmal gegen Gewalt, Machtstreben und Unmenschlichkeit zu betrachten, in der Hoffnung, dass nachfolgende Generationen aus den Fehlern dieser irrwitzigen Spaltung Europas lernen.

Michael Cramer, der Autor dieses Radtourenbuches, geleitet Sie mit seinem fundierten Wissen über die Geschichte der Berliner Mauer und zahlreichen Anekdoten, die sich im Laufe der Jahre hier abgespielt haben, rund um das ehemalige West-Berlin. So gelingt es, eine lebendige Reise durch die Geschichte mit einer vergnüglichen Radtour zu verbinden.

Präzise Karten im Maßstab 1:20.000 sowie genaue Wegbeschreibungen machen diese Radtour entlang des 160 Kilometer langen ehemaligen Grenzstreifens zu einem unvergesslichen Erlebnis.

Kartenlegende (map legend)

Die Farbe bezeichnet die Art des Weges:
(The following colour coding is used:)

- Hauptroute (main cycle route)
- Radweg / autofreie Hauptroute (cycle path / main cycle route without motor traffic))
- Ausflug oder Variante (excursion or alternative route)
- Radweg in Planung (planned cycle path)

Strichlierte Linien zeigen den Belag an:
(The surface is indicated by stippled lines:)

- asphaltierte Strecke (paved road)
- nicht asphaltierte Strecke (unpaved road)

Punktierte Linien weisen auf KFZ-Verkehr hin:
(Routes with vehicular traffic are indicated by dotted lines:)

- Radroute auf mäßig befahrener Straße (cycle route with moderate motor traffic)
- Radroute auf stark befahrener Straße (cycle route with heavy motor traffic)
- Radfahrstreifen (cycle lane)

- starke Steigung (steep gradient, uphill)
- leichte bis mittlere Steigung (light gradient)
- 3 Entfernung in Kilometern (distance in km)
- Gefahrenstelle (dangerous section)
- Text beachten (read text carefully)
- X X X Radfahren verboten (road closed to cyclists)

- Tourist-Information (tourist information)
- Gasthaus; Jugendherberge (restaurant; youth hostel)
- Campingplatz; Radvermietung (camping site; bike rental)
- Freibad; Hallenbad (outdoor swimming pool; indoor swimming pool)
- Schiffsanlegestelle; Fähre (boat landing; ferry)
- Ausgrabung (excarvation)
- Rathaus – öffentliches Gebäude (public building)
- Mühle – Sehenswürdigkeit (place of interest)
- sehenswertes Bauwerk; Museum (building of interest; museum)
- Tierpark; Naturpark (zoo; nature reserve)
- Aussichtspunkt (panoramic view)
- Hauptstraße (main road)
- Durchgangsstraße (through road)
- Nebenstraße (minor road)
- Fußgängerzone (traffic-free zone)
- Fahrweg, Fußweg (carriageway, footpath)
- Friedrichstr. – Eisenbahn / S-Bahn mit Bahnhof / Haltestelle (railway with station / stop)
- Oranienburger Tor – U-Bahn-Station (underground station)

- Landesgrenze (country border)
- Verlauf der ehemaligen Berliner Mauer (former wall or „iron curtain")
- Siedlung (settlement)
- Industriegebiet (industrial area)
- Grünfläche (public gardens)
- Vernässung (marshy ground)
- Friedhof (cemetary)
- Gartenanlage (allotment, gardens)
- Staumauer, Buhne (dam, groyne, breakwater)
- Tunnel; Brücke (tunnel; bridge)
- Kirche, Kapelle o. Kloster (church, chapel or monastery)
- Polizeistation (police station)
- Schloss, Burg; Ruine (castle; ruins)
- Turm; Funkanlage (tower; TV/radio tower)
- Bergwerk; Windmühle; Windkraftanlage (mine; windmill; windturbine)
- Denkmal (monument)
- Sportplatz (sports field)
- Flughafen (airport, airfield)
- Quelle; Kläranlage (natural spring; waste water treatment plant)

Maßstab 1 : 20.000

1 cm ≙ 200 m

0 – 0,2 – 0,4 – 0,6 – 0,8 – 1 – 1,2 – 1,4 – 1,6 – 1,8 – 2 – 2,2 – 2,4 – 2,6 – 2,8 – 3 km

Inhalt

Wo stand eigentlich die Mauer?

„Wo stand eigentlich die Mauer?" fragen viele Berlin-Touristen. Der Mauerverlauf ist nur an wenigen Stellen dokumentiert, weil in der Wendezeit fast alle authentischen Zeugnisse des Grenzverlaufs beseitigt wurden. Heute wird parteiübergreifend eingestanden, dass das ein Fehler war.

Die Stadtentwicklung ist in den Jahren nach der Wende in einem solch rasanten Tempo vorangeschritten, dass sich selbst viele Berlinerinnen und Berliner nur noch schwer an den genauen Verlauf der Mauer erinnern können. Für Jugendliche sind diese Zeiten schon Geschichte. Um so notwendiger ist es, für zukünftige Generationen die 28-jährige Spaltung im Stadtbild erkennbar zu machen. Nur der Verlauf von acht der 40 Kilometer langen innerstädtischen Grenze ist durch eine Doppelreihe Kopfsteinpflastersteine mit der Inschrift: „Berliner Mauer 1961-1989" markiert.

Insgesamt war die Mauer um West-Berlin 160 Kilometer lang. Sowohl ihre Lage änderte sich durch mehrfachen Gebietsaustausch wie auch ihr Aussehen. Der Stacheldraht wurde Ende der 70er/Anfang der 80er Jahre durch vorgefertigte Mauersegmente, auf einigen kurzen Abschnitten durch Metallgitterzäune ersetzt. Neben der „äußeren Grenzmauer" Richtung Westen gab es schon bald eine „innere Grenzmauer" Richtung Osten. Zwischen beiden lag der sogenannte Todesstreifen mit dem „Kolonnenweg", auf dem die DDR-Grenztruppen patrouillierten. Auf DDR-Seite durften im angrenzenden Sperrgebiet nur ausgewählte Personen leben. Mehr als 300 Wachtürme, taghelle Beleuchtung, Signal- und Alarmzäune sowie

die Hundelaufgebiete, Selbstschussanlagen und Panzersperren sollten die Flucht nach West-Berlin verhindern.
Mehr als 230 Flüchtlinge fanden an der Berliner Mauer den Tod. Am 24. August 1961 wurde der erste Flüchtling, der 24-jährige Schneider Günter Litfin, erschossen, als er durch den Humboldthafen an das westliche Ufer schwimmen wollte. Das letzte Maueropfer war der 20-jährige Chris Gueffroy, der am 6. Februar 1989 in einem Kugelhagel getötet wurde. Er hatte versucht, von Treptow aus durch den Britzer Verbindungskanal nach Neukölln zu schwimmen.
Auf der West-Berliner Seite gab es entlang der Mauer den nur an wenigen Stellen unterbrochenen sogenannten „Zollweg", der für die Berliner Polizei und die alliierten Kontrollfahrzeuge angelegt worden war. Er wurde und wird auch heute noch von Erholung suchenden Berlinerinnen und Berlinern als Rad- und Wanderweg genutzt. An einigen Stellen ist er sogar wichtig für den täglichen Schulweg.
Unmittelbar nach dem Fall der Mauer hatten sich viele Umwelt- und Verkehrsinitiativen der Forderung der örtlichen Gliederung des Fahrradclubs ADFC angeschlossen, den ehemaligen Mauerstreifen als Fahrradrundweg auszubauen. Zur Unterstützung dieser Forderung versahen sie den Kolonnenweg an vielen Stellen mit einem Fahrrad-Piktogramm. Leider haben DDR-Grenzpolizisten, die bis zum 2. Oktober 1990 noch zuständig waren, an vielen Stellen die Piktogramme entfernt und den Teerbelag zerstört. Danach versäumten die Landesregierungen von Berlin und Brandenburg, das Wegerecht zu sichern. Deshalb sind heute sowohl der Kolonnenweg wie auch der Zollweg nicht mehr vollständig erhalten. So unterbrechen nicht nur die Trassen der Dresdener und Anhalter Bahn, sondern auch nach der Wende verkaufte und inzwischen bebaute Grundstücke den Mauerweg. Mit kleinen Umwegen kann man aber noch immer den gesamten Grenzverlauf abradeln.
Als die DDR-Regierung 1961 die Mauer errichten ließ, hatte sie die Bewohner des Grenzgebietes aus ihren Häusern vertrieben, zwangsumgesiedelt, zum Teil entschädigt, zum Teil aber auch nicht. Angeblich wurde die Rückgabe an die ehemaligen Eigentümer im „Einigungsvertrag DDR/BRD" zwischen den beiden deutschen Staaten vom 6.9.1990 „vergessen". Zwar wurde der Grundsatz „Rückgabe vor Entschädigung" festgeschrieben, er gilt aber nicht für diejenigen Flächen, die den Besitzern für den Bau der Berliner Mauer weggenommen worden waren.
Die Debatte um die Mauergrundstücke zog sich lange hin. Die Rückübertragung „ohne Wenn und Aber" scheiterte schließlich im Deutschen Bundestag allein am Widerstand der CDU/CSU-Fraktion. Die früheren Eigentümer können heute für 25 Prozent des Verkehrswertes ihre Grundstücke zurückkaufen, „sofern der Bund sie nicht für dringende eigene öffentliche Zwecke verwenden oder im öffentlichen Interesse an Dritte veräußern will." Ist das der Fall, haben die Alt-Eigentümer einen Entschädigungsanspruch auf Zahlung von 75 Prozent des Verkehrswertes.
Der „Berliner Mauer-Radweg" ist eine abwechslungsreiche und geschichtsträchtige Route. Er führt an wichtigen und an bekannten Stadtplätzen vorbei. Namen stehen erinnernd für Ereignisse: Checkpoint Charlie, Potsdamer Platz, Invalidenfriedhof oder Bernauer Straße. Und auch die am 9. November 1989 berühmt gewordene Bösebrücke in der Bornholmer Stra-

ße, auf der die ersten Grenzgänger mit Jubel und Sekt begrüßt wurden, liegt auf der Route. Sehenswert sind die legendäre Oberbaumbrücke, die „East-Side-Gallery" oder die verbliebenen Mauersegmente am Potsdamer Platz. Interessant ist auch das „Parlament der Bäume gegen Krieg und Gewalt" von Ben Wargin, dessen kurz nach dem Fall der Mauer geschaffenes Kunstwerk in die Bundestagsbauten auf dem östlichen Spreebogen integriert wurde.

Der Umgang mit der Mauer bewegte nach der Wende die Gemüter. Die meisten Berliner wollten, dass sie möglichst schnell aus dem Stadtbild verschwindet. Nur wenige setzten sich dafür ein, dass authentische Teile von Mauer und Grenzstreifen unter Denkmalschutz gestellt werden. Zu ihnen gehörte Willy Brandt, Berlins Regierender Bürgermeister zur Zeit des Mauerbaus (1957-1966). Der für seine Entspannungs- und Ostpolitik am 10.12.1971 mit dem Friedensnobelpreis geehrte erste sozialdemokratische Bundeskanzler der Nachkriegszeit (1969-1974) regte am 10. November 1989 vor dem Schöneberger Rathaus an, „ein Stück von jenem scheußlichen Bauwerk ... als Erinnerung an ein historisches Monstrum stehen (zu) lassen. So wie wir seinerzeit nach heftigen Diskussionen in unserer Stadt uns bewusst dafür entschieden haben, die Ruinen der Gedächtniskirche stehen zu lassen".

Und Michaele Schreyer (Grüne), von 1989 bis 1991 Senatorin für Stadtentwicklung und Umweltschutz und spätere EU-Kommissarin, setzte sich über den damaligen Zeitgeist, die Opposition und auch ihren größeren Koalitionspartner hinweg und stellte als dafür zuständige Senatorin die Mauer in der Niederkirchnerstraße unter Denkmalschutz.

Auch das Mauermuseum in der Bernauer Straße wurde vom damaligen Bundeskanzler Helmut Kohl (CDU) nach heftigen Diskussionen durchgesetzt. Und zwar gegen den erbitterten Widerstand seiner Parteifreunde im Berliner Senat, die dort lieber eine sechsspurige Schnellstraße bauen wollten.

Um „durch örtliche Markierungen die Erinnerung an die ehemaligen Grenzübergänge auch im Stadtbild zu bewahren" – 1961 gab es insgesamt acht - wurde im März 1996 der Künstlerische Wettbewerb „Übergänge" ausgelobt. Als Ergänzung zur Markierung des ehemaligen Mauerverlaufs und zur künstlerischen Gestaltung der Grenzübergänge wurde darüber hinaus die „Geschichtsmeile Berliner Mauer" ins Leben gerufen. Sie ist eine viersprachige Dauerausstellung, die mit derzeit 16 Tafeln über die Geschichte von Teilung, Mauerbau und Maueröffnung informiert. Mit Fotografien und kurzen Texten werden Ereignisse geschildert, die sich am jeweiligen Standort zugetragen haben.

An der Bernauer Straße zum Beispiel wird an die Flucht des Volkspolizisten Conrad Schumann erinnert, der dort am 15. August 1961 über die Stacheldrahtrolle sprang. Das Photodokument von Peter Leibing ging um die Welt. Hingewiesen wird auch auf den Fluchtversuch der 58-jährigen Ida Sieckmann, die am 22. August 1961 aus ihrem Fenster im dritten Stock des Hauses Bernauer Straße 48 auf den westlichen Bürgersteig sprang und tödlich verletzt wurde. Ins Gedächtnis gerufen werden auch die erfolgreichen Tunnelfluchten. Die erste Tafel wurde am 9. November 1999, dem 10. Jahrestag der Maueröffnung, aufgestellt. Insgesamt sind 25 Informationstafeln geplant.

Wer von der Berliner Mauer spricht, meint in der Regel den innerstädtischen Grenzstreifen. Es gibt aber auch noch die etwa 120 km lange Grenze zwischen West-Berlin und Brandenburg, die man abradeln kann. Weit ab von der pulsierenden Innenstadt befindet man sich in einer landschaftlich reizvollen und ruhigen Landidylle. Man passiert zum Beispiel „Eiskeller" in Spandau, ein Gebiet, das fast vollständig von der Mauer umgeben war. Oder den ehemaligen Grenzübergang in Staaken. Geschichtsträchtig ist auch die Glienicker Brücke, auf der die Großmächte ihre Spione ausgetauscht haben. Und natürlich die größte Grenzanlage in Dreilinden, (am Autobahn-Übergang), die unter Denkmalschutz gestellt wurde.

Verdienste für den „Berliner Mauer-Radweg" hat sich der rot-grüne Senat erworben, der vom 16. Juni 2001 bis zum 17. Januar 2002 die Stadt regierte. Nachdem sich im Sommer 2001 an den vom Verfasser durchgeführten sieben „Mauerstreifzügen" etwa 1000 Menschen beteiligt hatten und das Medienecho darüber sehr positiv war, hat der Senat anlässlich des 40. Jahrestags des Mauerbaus beschlossen, nahezu alle noch verbliebenen Mauerreste unter Denkmalschutz zu stellen, den gesamten Verlauf der Berliner Mauer zu kennzeichnen und die Route fahrradfreundlich zu gestalten. Deshalb wird in naher Zukunft die gesamte 160 km lange Strecke barrierefrei gestaltet sein, so dass sie nicht nur mit Fahrrädern und Inline-Skates, sondern auch von Menschen mit Rollstuhl oder Kinderwagen benutzt werden kann.

Aber schon in seinem heutigen Zustand ist der „Berliner Mauer-Radweg" eine reizvolle Kombination von Geschichtswerkstatt und Fahrradtourismus, von Freizeit und Kultur. Vor allem der innerstädtische Abschnitt zwischen Bernauer Straße und Oberbaumbrücke ist so informativ, dass er nicht nur zum Entlangradeln einlädt, sondern auch zu einem historisch-politischen Spaziergang.

Der „Berliner Mauer-Radweg" auf dem Gebiet des ehemaligen Grenzstreifens ist eine Erinnerung an die Spaltung der Stadt und deren Wiedervereinigung. Der Text ist angelehnt an die Broschüre „Berliner Mauerstreifzüge ", die die Fraktion Bündnis 90/Die Grünen im Abgeordnetenhaus von Berlin im Frühjahr 2001 herausgegeben hat. Der „Berliner Mauer-Radweg" ist in insgesamt vierzehn Etappen gegliedert. Anfang und Ende liegen immer an einem Bahnhof. Bis auf die S-Bahnhöfe Wollankstraße, Potsdamer Platz und Warschauer Straße sind alle Etappen-Bahnhöfe behindertengerecht zugänglich. Die Fahrradmitnahme ist in allen Regionalzügen und auch in der U- und S-Bahn uneingeschränkt möglich. Die Abfahrtzeiten der Züge – und auch die der BVG-Fähre von Wannsee nach Kladow – kann man in Berlin zum Tarif eines Ortsgesprächs beim Call-Center der BVG unter (030)19449 rund um die Uhr erfragen.

Der Autor

Der Autor Michael Cramer wurde am 16. Juni 1949 in Gevelsberg/Westfalen geboren, besuchte in Ennepetal das Reichenbach-Gymnasium, auf dem er 1969 die Abiturprüfung ablegte.

Danach studierte er Musik und Sport an der Johannes-Gutenberg-Universität in Mainz, an der er 1972 die Diplom-Sportlehrerprüfung und 1974 die künstlerische Prüfung in der Fachrichtung Musik ablegte, die 1. Staatsprüfung für das Lehramt an Gymnasien.
Von 1975-1977 absolvierte er in Berlin am Neuköllner Ernst-Abbé-Gymnasium das Referendariat, das er mit der 2. Staatsprüfung abschloss. Danach unterrichtete er am Neuköllner Albrecht-Dürer-Gymnasium bis 1995.
Seit 1989 ist Michael Cramer als verkehrspolitischer Sprecher von Bündnis 90/Die Grünen Mitglied im Abgeordnetenhaus von Berlin und war von 1989-1990 Vorsitzender des Ausschusses für Verkehr und Betriebe. Gleichzeitig nahm er neben seiner Tätigkeit als Abgeordneter mehrere Lehraufträge am Otto-Suhr-Institut der Freien Universität Berlin wahr, um im Fachbereich Politikwissenschaft Studierende in der Verkehrs- und Stadtpolitik zu unterrichten. Darüber hinaus ist er durch Veröffentlichungen in Zeitschriften, Büchern, etc. publizistisch tätig.

Seit über 20 Jahren ist Michael Cramer in Berlin auch ohne eigenes Auto mobil, weil er im Alltag Fahrrad, Bus, Bahn und Taxi benutzt und im Urlaub den sanften Tourismus bevorzugt. Deshalb ist ihm nicht nur die Situation in und um Berlin vertraut, sondern er hat auch viele Velorouten in der Schweiz, in Österreich, in Frankreich und in Deutschland im wahrsten Sinne des Wortes erfahren.

Der Fotograf

Der Fotograf Peter Trzeciok lebt seit seiner Geburt, 1930, in Berlin. Er hat an der Freien Universität studiert und war als Lehrer und in der Lehrerausbildung bis 1995 tätig. Als West-Berliner hat er die Errichtung der Mauer, die Existenz in der durch sie abgeschnittenen Stadthälfte und den Fall der Mauer erlebt.
Seit 1986 ist er die Grenze um West-Berlin abgegangen und hat sie fotografiert, auch nach dem Fall der Mauer.

Vom Potsdamer Platz zur Warschauer Straße 7 km

Der „Berliner Mauer-Radweg" beginnt am **Potsdamer Platz**, dem einst verkehrsreichsten Knotenpunkt der Stadt. Attraktionen wie die Luxushotels Fürstenhof und Esplanade, die Cafés Josty und Telschow, Columbus-Haus, Haus Vaterland, Haus Rheingold und der Pschorr-Bierpalast symbolisierten hier die Goldenen Zwanziger Jahre. Aus dem Vox-Haus wurde 1932 die erste deutsche Rundfunksendung übertragen.

Mit der Strecke von Berlin nach Potsdam wurde hier 1838 die erste Eisenbahnstrecke in

„Einsames" Weinhaus Huth am Potsdamer Platz, 1990

Preußen in Betrieb genommen. Die „Stammbahn" war nach der 1835 eröffneten Eisenbahnverbindung Nürnberg-Fürth die zweite Eisenbahnstrecke in Deutschland. 1939 kam noch ein unterirdischer S-Bahnhof hinzu.

Vier Jahre später, im November 1943, wurden der Potsdamer Platz und seine Umgebung durch schwere Luftangriffe fast vollständig in Trümmer gelegt. Schussfeldfreimachung für die Grenztruppen im östlichen sowie Abrisswut im westlichen Teil verwandelten das Areal in eine weite Stadtbrache. Erste Aktivitäten wie ein Flohmarkt oder ab 1980 die Kulturspielstätte Tempodrom in einem ehemaligen Zirkuszelt stellten zaghafte Re-Urbanisierungsversuche dieser Wüste in Mauerrandlage dar.

Das „Weinhaus Huth" ist das einzige Gebäude, das Krieg und Abrisswahn unbeschadet überlebt hat. Am Potsdamer Platz lebte Fontane und die Gebrüder Grimm, zeichnete Adolph Menzel, amüsierten sich die Comedian Harmonists. Sie und viele andere – die Professoren Virchow und Sauerbruch, Adenauer, Furtwängler oder der Großadmiral von Tirpitz – waren Gast im Weinhaus Huth. Das heutige Gebäude wurde 1912 als hochmoderner Stahlskelettbau errichtet, eine Bauweise, die ihm das Überleben sicherte. Die damals Stein auf Stein hochgemörtelten Gebäude sackten im Krieg auch ohne direkte Treffer durch die Erschütterungen zusammen. Das Weinhaus Huth sollte abgerissen werden für eine Stadtautobahn, die niemals kam. Es wurde 1979 unter Denkmalschutz gestellt.

Weinhaus Huth mit neuen Nachbarn, 2001

1
36
2
Moabit
Mitte
Tiergarten
Hansa-Viertel
Krankenhaus Moabit
Haus d. Gesundheit
Turmstr.
Kleiner Tiergarten
Landgericht
Amtsgericht
Justizvollzugsanstalt Moabit
Bundesministerium des Inneren
Alt Moabit
Poststadion
Sommerbad Poststadion
Stadtbad Tiergarten
Fritz-Schloß-Park
H.-Zille-Sdlg.
Lehrter Güterbahnhof
Lehrter Stadtbahnhof
Museum f. Gegenwart
BM f. Wirtschaft u. Technik
Denkmal der versunkenen Mauer
Brechthaus
Übergang Invalidenstraße
Gedenkstein (Günter Liftin 1. Maueropfer)
Invalidenstr.
Humboldt-Universität
Krankenhaus Charité
Max-Planck-Inst. f. Infekt.biol.
BM f. Bildung u. Forschung
Oranienburger Tor
Oranienburger Str.
Deutsches Theater
Friedrichstadtpalast
Univ.-Klinik
Univ.-Frauenkl.
Stilles Museum
St.-Hedwig Krkhs.
Torstr.
Chausseestr.
Luisenstr.
Schumannstr.
Reinhardtstr.
Monbijoupark
Bodemuseum
Museumsinsel
Tränenpalast
Friedrichstr.
Parlament der Bäume gegen Krieg und Gewalt
Paul-Löbe-Haus
M.-E.-Lüders-Haus
R.-Koch-Museum
Bundespressamt
Bundeskanzleramt
Haus d. Kulturen d. Welt
Skulpturenwiese
Bundestag (ehem. Reichstagsgebäude)
Jakob-Kaiser-Haus
Dorotheenstr.
Unter den Linden
Humboldt-Universität
Staatsbibl.
Altes Museum
Berliner Dom
Carl-von-Ossietzky-Park
Spree
Bellevue
Hansa Platz
Akademie d. Künste
Bellevue Park
Schloss Bellevue
Bundespräsidialamt
Englischer Garten
Siegessäule
Großer Stern
Straße des 17. Juni
Rosengarten
Neuer See
Sowjetisches Ehrenmal
Der Rufer
Brandenburger Tor
Pariser Platz
Platz des 18. März
Scheidemannstr.
Holocaust Denkmal (gepl.)
Ebertstraße
Wilhelmstr.
Landes- u. Ministergärten vertretungen
BM f. Arb. u. Soz.
BM d. Justiz
Französ. Str.
Gendarmenmarkt
Hausvogtei Platz
Stadtmitte
Mohrenstr.
Leipziger Str.
Potsdamer Platz
Leipziger Platz
Bundesrat
BM Finanz.
Museum f. Post u. Telekom.
Wachturm Stresemannstraße
Philharmonie
Kunst.gew. Museum
Kulturforum
Gedenkstätte
Tiergartenstr.
Lennéstr.
Entlastungsstr.
Hofjägerallee
Altonaer Str.
Paulstr.
Lessingstr.
Stromstr.
Rathenower Str.

Heute ist der Potsdamer Platz das neue Zentrum des wiedervereinigten Berlin zwischen der West-Berliner City am Kurfürstendamm und der Ost-Berliner City am Alexanderplatz. Nur das Weinhaus Huth erinnert an die Vergangenheit – der einzige Zeuge.

Potsdamer und Leipziger Platz

Der **Potsdamer Platz** *wird heute durch die Hochbauten von Daimler-City und Sony-Center geprägt. Den Realisierungswettbewerb für den DaimlerChrysler-Komplex gewann 1992 der Italiener Renzo Piano, für den Sony-Komplex der Amerikaner Helmut Jahn. Die städtebauliche Gesamtplanung war 1991 in einem Wettbewerb von den „traditionellen" Münchener Architekten Heinz Hilmer und Christoph Sattler gewonnen worden. Vor dem Sony-Center auf dem Bürgersteig steht ein Mauersegment auf dem markierten Mauerstreifen.*

Der DaimlerChrysler-Komplex besteht aus insgesamt 19 Häusern, die nach ökologischen Kriterien gebaut worden sind. Deshalb sind es die wirtschaftlichsten Gebäude in Berlin. Die Häuser haben z.B. keine energiefressenden Klimaanlagen und der Regen wird in Zisternen gesammelt und für Brauchwasser genutzt. Alle Gebäude sind mit Doppel-Fassaden ausgestattet, damit der Primärenergieverbrauch gering ist.

Als nostalgisches Zitat an vergangene Zeiten ist ein Nachbau der ersten Verkehrsampel in Deutschland auf dem Bahnhofsvorplatz aufgestellt worden. Damals waren die drei Farben der Ampel noch horizontal angeordnet. Nicht nur S- und U-Bahn, auch der Regionalverkehr mit seinem unterirdischen Bahnhof und die – geplante - Straßenbahn stellen unter Beweis, dass der Potsdamer Platz die Funktion als Verkehrsknoten wieder zurück bekommt. Die Straßenbahnstrecke vom Alexanderplatz über die Leipziger Straße zum Kulturforum soll 2006 in Betrieb gehen.

Potsdamer Platz kurz nach Maueröffnung

Auf dem ehemaligen Gelände des Potsdamer Bahnhofs ist ein Dienstleistungskomplex entstanden, in dessen Kopfbau die Gewerkschaft ver.di eingezogen ist. Zwischen diesem Komplex und dem DaimlerChrysler-Bereich soll noch eine Grünanlage entstehen.

Auf der gegenüberliegenden Seite befindet sich das Sony-Center mit dem beeindruckenden Zeltdach und dem alten Grand Hotel Esplanade. Dieses stand einst im Mittelpunkt des gesellschaftlichen Lebens von Berlin, bevor es im Zweiten Weltkrieg zu 90 Prozent zerstört wurde. Nach dem Fall der Berliner Mauer wurden die noch erhaltenen Prachtsäle des Gebäudes unter Denkmalschutz gestellt.

Hinter einer Glas-Stahl-Wand wird die Fassade des alten Gebäudes wie in einer Vitrine ausgestellt, die architektonischen Elemente der Kaiserzeit, die Kriegsspuren und die Veränderungen im Stil der 50er Jahre wurden konserviert. Das 1908 eröffnete Hotel avancierte wäh-

rend der Goldenen Zwanziger zum Treffpunkt internationaler Stars wie Charly Chaplin und Greta Garbo. Im Inneren des Altbaus befinden sich heute wertvolle Relikte vergangener Tage. Darunter der mit Neorokoko-Stuckaturen verzierte „Frühstückssaal" und der neobarocke sogenannte „Kaisersaal", in dem Kaiser Wilhelm II. seine berühmten Herrenabende abhielt.

Aufgrund des Bebauungsplans und der Verbreiterung der Potsdamer Straße konnten die beiden Säle nicht am ursprünglichen Standort verbleiben. Der Frühstückssaal wurde 1996 in 500 Einzelteile zerlegt und später wieder aufgebaut. Der 1800 Tonnen schwere Kaisersaal – eigentlich das Durchgangszimmer zum historischen Kaisersaal – wurde in eine riesige Holzkiste verpackt und auf Luftkissen gebettet um 75 Meter und zwei Kurven zu seinem neuen Standort neben Palmenhof und Silbersaal des Esplanade geschoben. Anlässlich der 52. Deutschen Filmfestspiele, der Berlinale 2002, wurde das Restaurant im historischen Kaisersaal am 23. Februar mit einer feierlichen Gala offiziell eröffnet.

Direkt auf dem Potsdamer Platz gibt es nur einen einzigen Baum, eine **Platane**, die ihr erstes Lebensjahr als Steckling in einer Hamburger Baumschule etwa zur Zeit des Mauerbaus erlebt hat. Mit ihrer am 22. 11. 2000 erfolgten Pflanzung wurde auf der Westseite mit den Bauten von Renzo Piano, Hans Kollhoff und Helmut Jahn die Platzgestaltung vollendet.

Potsdamer Platz mit Daimler-City und Sony-Center, 2001

Wie wichtig Bäume sind, zeigt sich in der Alten Potsdamer Straße, deren Linden 1991 aus „städtebaulichen Gründen" unter Naturschutz gestellt und im Bebauungsplan verankert wurden. Diese Entscheidung der Senatorin für Stadtentwicklung und Umweltschutz, Michaele Schreyer (Grüne), hatten die Investoren damals scharf kritisiert, heute freuen sich alle über die Bäume. Die Fortführung der Potsdamer Straße wurde in den sechziger Jahren wegen der Planung des Senats für die Stadtautobahn Westtangente aufgegeben. Daher endet die frühere Potsdamer Straße heute am Marlene-Dietrich-Platz.

Mit der Lola im „Blauen Engel" hatte Marlene Dietrich (1901-1992), der Weltstar aus Berlin, Anfang der dreißiger Jahre in den USA einen neuen Typus der Frau geschaffen – selbstbewusst, erotisch und finanziell unabhängig. Im Zweiten Weltkrieg unterstützte sie die amerikanische Armee im Kampf gegen den Nationalsozialismus, wofür sie von Teilen der deutschen Bevölkerung heftig kritisiert wurde.

Marlene Dietrich lebte in den letzten Jahren zurückgezogen in Paris. Sie wurde 1992 auf dem kleinen Friedhof in der Berliner Stubenrauchstraße beigesetzt, unweit vom Grab ihrer Mutter. Das im September 2000 neu eröffnete Filmmuseum am Potsdamer Platz zeigte anlässlich ihres 100. Geburtstags zum ersten Mal in einer Dauerausstellung den Nachlass, den 1993 das Land Berlin von der Tochter Maria Riva erwarb.

Dort werden über 3.000 textile Objekte, mehr als 10.000 Fotos, rund 40 Koffer, 350.000 Blatt Papier und zahlreiche Filmrequisiten gezeigt.

Das Musical-Theater und die Spielbank wurden auf die östliche Erweiterungsfläche der 1978 fertiggestellten Staatsbibliothek gesetzt. Weil dort die Westtangente ursprünglich in Hochlage geplant war, wurden die internen bibliothekarischen Bereiche der Staatsbibliothek nach Osten zur geplanten Stadtautobahn orientiert, während die Lesesäle nach Westen dem Kulturforum zugewandt sind.

Die Westtangente sollte vom Schöneberger Kreuz kommend in Hochlage über den Landwehrkanal und in Tieflage unter dem Tiergarten mit ebenerdigem Anschluss zur Leipziger Straße geführt werden. Gegen diese Autobahn gründete sich die „Bürgerinitiative Westtangente", die älteste Bürgerinitiative Berlins, die seit 1974 diese Autobahn erfolgreich verhindert.

Das gesamte Gebiet zwischen dem ehemaligen Verkehrsknotenpunkt Potsdamer Platz und dem früheren Lützowplatz wurde im Dritten Reich umgestaltet und durch die Bombardierungen im Zweiten Weltkrieg fast völlig dem Erdboden gleichgemacht. 1959 beschloss der Senat von Berlin, Hans Scharouns preisgekröntes Wettbewerbsergebnis für den Bau der Philharmonie am Südrand des Tiergartens zwischen dem ehemaligen Kemper- und dem Matthäikirchplatz zu verwirklichen (Fertigstellung 1963). Danach folgte der Wettbewerb für die Staatsbibliothek. Erster Preisträger war wiederum Hans Scharoun. Die Planung wurde von seinem Partner Edgar Wisniewski durchgeführt und 1978, sechs Jahre nach Scharouns Tod, war der Bau beendet. Mies van der Rohe plante das Gebäude der „Neuen Nationalgalerie" (1968).

Wisniewski realisierte die Bauten des Staatlichen Instituts für Musikforschung mit dem Musikinstrumenten-Museum 1984 und dem Kammermusiksaal der Philharmonie 1987 anlässlich der 750-Jahrfeier Berlins. Rolf Gutbrodt hatte 1985 das Kunstgewerbemuseum gegenüber der Philharmonie und die Eingangshalle zu den Museen der Stiftung Preußischer Kulturbesitz mit der anschließenden Kunstbibliothek realisiert. Die Gemäldegalerie der Architekten Heinz Hilmer und Christoph Sattler wurde 1998 fertiggestellt.

So entstand nach der städtebaulichen Konzeption von Hans Scharoun (1893-1972) nach und nach das Kulturforum. Es fehlt zur Vollendung des Gesamtensembles heute nur noch das zentrale „Künstlergästehaus" östlich der St. Matthäus-Kirche.

Neben dem Potsdamer Platz liegt der **Leipziger Platz** mit dem berühmten Oktogon, das bis 2005 wieder komplett bebaut und hergestellt sein soll. Mitten auf dem künftigen Gehweg blieben zwei Mauersegmente als „den Fußgängerfluss störende Denkzeichen" erhalten. Der Leipziger Platz liegt direkt neben dem Bundesrat, der nach dem Regierungs- und Parlamentsumzug aus Bonn seit dem Herbst 2000 im alten Preußischen Herrenhaus in der Leipziger Straße seinen Sitz gefunden hat. Diesem hatte 1917/18 als Kölner Oberbürgermeister Konrad Adenauer angehört, der erste Bundeskanzler der Nachkriegszeit (1949-1963).

Köthener/Stresemannstraße

An der Ecke Köthener/Stresemannstraße taucht die doppelte Kopfsteinpflasterreihe auf, die Erinnerung an den ehemaligen Mauerverlauf. Bislang sind erst acht der insgesamt 40 Kilometer langen innerstädtischen Grenze markiert worden.

Der Rufer
Brandenburger Tor
Pariser Platz
Unter den Linden
1
37
2
3
Behrenstr.
Französische Str.
Französ. Str.
Holocaust Denkmal (gepl.)
BM (in Bau)
BM f. Arb. u. Soz.
Gendarmenmarkt
Jägerstr.
Taubenstr.
Hausvogtei Platz
Werder Str.
Ausw. Amt
Schloßplatz
Schleusenbrücke
Rathausbrücke
Bundeskanzleramt
Landesarchiv
Breite Str.
Mühlendamm
Stralauer Str.
Senat f. Fin.
Rolandufer
Jannowitzbrücke
Holzmarkt
Lichtenberger Str.
Singerstr.
Fischerinsel
Petripl.
Märkisches Museum
Berl.-Congr.-Cent.
Gertraudenstr.
Fischer-
Mohrenstr.
Stadtmitte
Landesvertretungen
BM d. Justiz
Lennéstr.
Ebertstraße
Voßstr.
Leipziger Str.
Potsdamer Platz
Leipziger Platz
Bundesrat
BM Finanz.
Museum f. Post u. Telekom.
Spittelmarkt
Wall-
Heizkraftwerk
Köpenicker Str.
Ostbahnhof
Stralauer Platz
Spree
Deutsches Architekturzentrum
Wachturm
Stresemannstraße
Museum Haus am Checkpoint Charlie
Mauerreste
Stresemannstraße
Abgeordnetenhaus von Berlin
Zimmerstr.
Mahnmal Peter Fechter
Mauerreste
Niederkirchnerstr.
Martin-Gropiusbau
Prinz-Albrecht-Gelände
Kochstr.
Axel-Springer-Str.
Kommandantenstr.
Bundesdruckerei
Otto-Suhr-Sdlg.
Waldpark
Sebastianstr.
Annenstr.
Heinrich-Heine-Str.
Brückenstr.
Michael-Kirchpl.
Landesinst. f. Tropenmed.
Mauerreste
Schillingbr.
Köpenicker Str.
Europahaus
Deutschlandhaus
Anhalt. Str.
Landesarbeitsamt
Pol.-Präs.
Oranienstr.
Alexandrinenstr.
ehemal. Übergang Prinzenstraße
St. Michael-K.
Bethanienda.
St. Thomas-K.
Künstlerhaus Bethanien
St.-Lukas-K.
Dreifaltigkeitsk.
Jerusalems- u. Neue Kirche
Ritterstr.
St. Jacobi-K.
Moritzplatz
Anhalter Bahnhof
Mendelssohn-Bartholdy-Park
Schönebg. Str.
St.-Clemens-K.
Wilhelmstr.
Friedrichstr.
E.-T.-A.-Hoffmann-Prom.
Berlin Museum
Lindenstr.
Kreuzberg
Oranienplatz
Mariannenplatz
Waldemarstr.
Muskauer Str.
K.-Wolf Park
Franz-Künstler-Str.
St.-Agnes-K.
St. Simeon-K.
Heinrichplatz
Manteuffelstr.
Lausitzer Platz
Görlitzer Bahnhof
Emmausk.
Amtsgericht
Hallesches Ufer
Möckernbrücke
Gleisdreieck
Tempelhofer Ufer
Mehringplatz
Hallesches Tor
Patentamt
Prinzenstr.
Gitschiner Str.
Wasserturmplatz
Skalitzer Str.
Kottbusser Tor
Kottbusser Str.
Deutsches Technik Museum Berlin
Waterloo Ufer
Landwehrkanal
Sommerbad Kreuzberg
Jugendzentrum
Böcklerpark
Bad am Spreewaldplatz
15
Amerika-Gedenkbibl.
Krankenhaus
Obentrautstr.
Blücherplatz
Carl-Herz-Ufer

Die Kopfsteinpflasterreihe quert den Radweg ebenso wie die Köthener Straße und verläuft dann auf der westlichen Seite der **Stresemannstraße**, die im Grenzstreifen lag.

Hinterlandmauer und Wachturm

Die **Hinterlandmauer** stand auf der gegenüberliegenden Seite. Der Berliner Senat hat im Juli 2001 drei Original-Elemente davon dem Generalsekretär der Vereinten Nationen, Kofi Annan, geschenkt, die vor dem UN-Gebäude in New York aufgestellt worden sind. In der Stresemannstraße sind heute noch 15 bemalte Mauersegmente und der älteste Wachturm zu sehen. Beide stehen unter Denkmalschutz. Von 300 Wachtürmen gibt es heute nur noch fünf, zwei in Brandenburg und drei in Berlin.

Der älteste Wachturm steht allerdings nicht mehr an seinem Originalplatz. Er wurde im Herbst 2001 um etwa 10 Meter versetzt, weil er der Leipziger Platz-Bebauung im Wege stand.

Die Mauer querte die Stresemannstraße, bog in die **Niederkirchnerstraße** ein und stand direkt vor dem Martin-Gropius-Bau. Die Niederkirchnerstraße hieß früher Prinz-Albrecht-Straße, in der sich der berüchtigte Folterkeller und die Zentrale der Gestapo befunden hatten. Die Prinz-Albrecht-Straße wurde 1951 nach der kommunistischen Widerstandskämpferin Käthe Niederkirchner (* 1909) umbenannt, die am 27.9.1944 im KZ Ravensbrück hingerichtet wurde.

Martin-Gropius-Bau

Dieser war von Martin Gropius und Heino Schmieden erbaut und 1881 als Kunstgewerbemuseum eingeweiht worden. Im Krieg stark zerstört, wurde er nach den Plänen von Winnetou Kampmann wieder aufgebaut. Mit der Preußen-Ausstellung 1981 wurde der Martin-Gropius-Bau als Ausstellungsgebäude zum ersten Mal wieder genutzt.

Preußischer Landtag

Direkt gegenüber, auf der anderen Seite der Mauer, in der Niederkirchner Straße 5, befindet sich der im Stil der italienischen Adelspaläste der Hochrenaissance erbaute ehemalige Preußische Landtag, der von 1899-1934 das Preußische Parlament beherbergte. Dieses Gebäude hat schon viele aufregende Stunden erlebt. In den Revolutionszeiten nach dem 1. Weltkrieg fasste der Reichskongress der Arbeiter- und Soldatenräte den Beschluss, die Wahlen zur Nationalversammlung am 19. Januar 1918 anzuberaumen. Dadurch wurde das verhasste preußische Dreiklassenwahlrecht abgeschafft und der Weg in die Weimarer Republik geebnet. Im heutigen Festsaal wurde am 1.1.1919 durch Rosa Luxemburg und Karl Liebknecht die Kommunistische Partei Deutschlands (KPD) gegründet. Das Gebäude erlebte 1932 auch die Saalschlacht zwischen Kommunisten und Nationalsozialisten.

Niederkirchnerstraße, 1990

Am 20. Juli 1932 hatte Reichskanzler Franz von Papen die Preußische Regierung unter Otto Braun (SPD) staatsstreichartig für abgesetzt erklärt. Der Nationalsozialist Hermann Göring kommentierte 1935 den damit verbundenen Untergang der preußischen Demokratie mit den Worten: „Aus dem Haus der Schwätzer wurde ein Haus der Flieger". Bis alles in Scherben fiel.

Hier war auch der Sitz der ersten DDR-Regierung von Otto Grothewohl, dem SPD-Abtrünnigen, der den Weg in die SED mitgegangen ist. Die DDR ließ diesen historischen Ort verkommen, der Ausbau des Festsaals zu einem Museum wurde wegen der Nähe zur Mauer verworfen. Im ausgebrannten Plenarsaal wurden zeitweise Schießübungen veranstaltet, auf dem Dach installierte die Staatssicherheit der DDR (Stasi) eine Abhöreinrichtung für den Funkverkehr in West-Berlin.

Am 25.10.1990 hatte das Abgeordnetenhaus von Berlin, das seit 1948 im Schöneberger Rathaus tagte, einstimmig beschlossen, hier zukünftig seinen Sitz zu nehmen. Am 29. April 1993 fand die erste Plenarsitzung statt.

Topographie des Terrors

Vor dem **Martin-Gropius-Bau** existiert als Mauermarkierung ein Kupferstreifen. An das Gebäude schließt sich das Gelände der „Topographie des Terrors" an. Hier war das „Prinz-Albrecht-Gelände", während der NS-Diktatur der Sitz von Gestapo, SS und Reichssicherheitshauptamt. Vor diesem Gelände ist noch ein Teilstück der Mauer im Original vorhanden. Es wurde 1990 unter Denkmalschutz gestellt und mit einem Zaun geschützt, um es vor den „Mauerspechten" zu retten. Nach dem 9. November 1989 zertrümmerten nämlich viele Menschen mit Hammer, Meißel, Spitzhacke und anderen Gegenständen die Mauer, zumeist um Mauersplitter als Souvenir zu erhalten. Sie wurden vom Berliner Volksmund „Mauerspechte" genannt. Die Entscheidung, Mauerteile unter Denkmalschutz zu stellen, war damals sehr umstritten, weil die Parole: „Die Mauer muss weg!" auch von den großen Parteien lautstark vertreten wurde.

Wilhelm-/Zimmerstraße

An der Kreuzung **Wilhelm-/Zimmerstraße** taucht die erste Hinweistafel der „Geschichtsmeile Berliner Mauer" auf. Sie weist auf das 1935/36 errichtete „Reichsluftfahrtministerium" hin, in dem 1949 die DDR proklamiert worden war. Heute Bundesfinanzministerium, war es viele Jahre das „Haus der Ministerien" der DDR. Als die Planung für den Mauerbau schon auf Hochtouren lief, hatte dort der DDR-Staatsratsvorsitzende Walter Ulbricht am 15. Juni 1961 auf einer internationalen Pressekonferenz behauptet: „Niemand hat die Absicht, eine Mauer zu errichten!"

Leipziger/Wilhelmstraße

Auf dem kleinen Platz vor dem Bundesfinanzministerium an der **Leipziger/Wilhelmstraße** erinnert das im Oktober 2001 fertig gestellte Denkmal von Wolfgang Rüppel an den Volksaufstand vom 17. Juni 1953. Es zeigt auf einem vergrößerten Bildausschnitt marschierende Bauarbeiter, die sich eingehakt haben und so – wie damals in der Ost-Berliner Stalinallee (seit 1961 Karl-Marx-Allee) – machtvoll Entschlossenheit zum Streik gegen Normerhöhungen und für ein freieres Leben demonstrieren. Die in die Erde eingelassene Bildplatte ist 24 Meter lang und Rüppels Kommentar auf das Wandbild von Max Lingner in der dem Denkmal gegenüberliegenden Säulenhalle.

Max Lingner (1888-1959) hatte in Dresden studiert und lebte seit 1928 in Paris, wo er den Fauvismus seiner Vorbilder Picasso und Matisse umsetzte. Die Besetzung von Paris durch die Deutsche Wehrmacht überlebte der Kommunist im Untergrund. 1949 riefen ihn Ulbricht und Grothewohl in die DDR, wo er schnell zwischen die Fronten der Formalismus-Realismus-Debatte geriet. Seinen Entwurf von 1950 – „zu französisch, so sehen keine deutschen Arbeiter aus" – musste er mehrfach umarbeiten. Aus Arbeitern und Bauern, die nicht marschieren sondern heiter zur Sonne, zur Freiheit spazieren, wurden – insbesondere durch die Intervention von Ministerpräsident und Hobby-Maler Otto Grothewohl – marschierende Massen. Bei der ausgeführten Fassung, die 1952 in Kacheln aus Meißener Porzellan gebrannt wurde, wird nicht mehr spaziert, sondern marschiert, die Gesichter tragen ein maskenhaft verordnetes Lächeln. Die Arbeiterinnen wurden blondiert. Rote Fahnen werden geschwenkt und Banner, auf denen „Es lebe die Deutsche Demokratische Republik" steht.

Keine sechs Monate nach der feierlichen Einweihung gab es vor Görings früherer Luftwaffenverwaltung tatsächlich die Massendemonstrationen, die am 17. Juni 1953 von sowjetischen Panzern niedergewalzt wurden. Auch der Künstler ist mit seinem domestizierten Kunstwerk nicht glücklich geworden. War er in

Checkpoint Charlie im Jahre 1961

der Leipziger Straße unterwegs, dann – so seine Witwe – sagte er immer kurz vor Erreichen seines Wandbildes: „Lasst uns einen Bogen machen".

Zimmerstraße

In der **Zimmerstraße** ist der Grenzverlauf mit der Pflasterung wieder kenntlich gemacht.

Checkpoint Charlie

An der **Zimmer-/Friedrichstraße** war der „Übergang Friedrichstraße für Ausländer". Er wurde nach der militärischen Telegrafensprache der Amerikaner „Checkpoint Charlie" genannt. Checkpoint „A as in Alpha" lag in Helmstedt, mit Checkpoint „B as in Bravo" war Dreilinden gemeint, Checkpoint „C as in Charlie" war der Grenzübergang Friedrichstraße. Dort standen sich am 27. Oktober 1961 sowjetische und amerikanische Panzer gegenüber. Die Lage war brenzlig, denn der sowjetische Staatschef Nikita Chruschtschow hatte seinen Militärs befohlen, mit scharfer Munition zu schießen, wenn die Amerikaner versuchen sollten, die Grenzeinrichtungen der DDR anzugreifen. Vor dem Café an der Ecke steht die entsprechende Hinweistafel.

Schräg gegenüber befindet sich das **„Museum Haus am Checkpoint Charlie"**. Der originale Wachturm für den Grenzübergang wurde leider im Dezember 2000 vom neuen Grundstückseigentümer abgerissen. Der Senat hatte den Turm nicht unter Denkmalschutz gestellt. Das Abfertigungs- und Kontrollgebäude war zunächst ebenfalls entfernt worden. Das amerikanische Wachhäuschen wurde später aber mitsamt den Sandsäcken und dem mehrsprachigen Schild mit dem Verweis auf die Sektorengrenze als Imitat wieder aufgestellt. Es wäre natürlich besser gewesen, die authentischen Grenzanlagen dieses weltweit bekannten Übergangs für die Nachwelt zu erhalten.

An den ehemaligen Grenzübergang erinnert die Fotoinstallation „Leuchtkasten" von Frank Thiel. Sie zeigt die Portraits eines nach Osten blickenden amerikanischen Soldaten und eines in Richtung Westen schauenden sowjetischen Soldaten.

Vor dem Haus Zimmerstraße 26 befindet sich ein **Mahnmal** für **Peter Fechter**, der im August 1962 mit einem Arbeitskollegen über die Mauer fliehen wollte. Beide hatten den ersten Zaun bereits überwunden, als sie entdeckt und beschossen wurden. Während der Freund die Sperranlagen überklettern konnte, blieb Peter Fechter unterhalb der Mauer schwerverletzt auf östlicher Seite liegen. DDR-Grenzer wollten nicht helfen, West-Berliner Polizisten konnten nicht helfen – er lag auf Ost-Berliner Gebiet. Auch die anwesenden Soldaten der West-Alliierten schreckten davor zurück. Auf der westlichen Seite forderten Hunderte von Augenzeugen in ohnmächtiger Wut, dem Flüchtling zu helfen – vergeblich. Nach einer Stunde wurde der leblose Peter Fechter weggetragen. Der langsame Tod dieses Flüchtlings erregte damals die Welt. Auf West-Berliner Gebiet mahnte lange Jahre ein schlichtes Holzkreuz

Checkpoint Charlie, 2001

an sein Schicksal. Nachdem es dem Bauboom weichen musste, erinnert heute die Eisenstele mit dem eingestanzten Text an seinen Tod.

Charlotten- und Markgrafenstraße

Die neue bunte Blockbebauung zwischen **Charlotten- und Markgrafenstraße**, eine Collage unterschiedlichster Stilrichtungen, stammt vom Mailänder Architekten Aldo Rossi. Dieses 1994-1996 gebaute Ensemble, das auch ein altes Haus aus der Gründerzeit integriert, betont die Berliner Traditionen der Hinterhöfe und Parzellenstruktur. Besonderes Augenmerk in der Fassadenvielfalt verdient der Nachbau eines Innenhofsegments des römischen „Palazzo Farnese" auf der Rückseite in der Schützenstraße. Ein Rundgang um das Gebäude und in die Innenhöfe lohnt sich.

Jerusalemer/Zimmerstraße

An der **Jerusalemer/Zimmerstraße** weist eine Hinweistafel auf den erschossenen 20-jährigen Grenzsoldaten Reinhold Huhn hin. Als dieser mehrere Personen kontrollierte, die durch einen Tunnel in den Westen fliehen wollten, wurde er am 18.6.1962 von einem Fluchthelfer erschossen. Reinhold Huhn wurde in der DDR zu einem „sozialistischen Helden" aufgebaut, die Schützenstraße nach ihm benannt und dort eine Gedenkstätte errichtet. Diese wurde 1994 abgetragen, der Fluchthelfer 1998 wegen Mordes zu einem Jahr Haft auf Bewährung verurteilt.

Es geht weiter vorbei an den Gebäuden des Springer-Verlags.

Springer-Verlag

Der Verleger Axel-Cäsar-Springer setzte auch nach dem Mauerbau auf die Wiedervereinigung und errichtete 1966 sein Verlagsgebäude in Kreuzberg direkt an der Mauer, als andere Großunternehmen bereits nach West-Deutschland abwanderten. Seit 1967 *wurde die „DDR" in seinen Zeitungen immer mit Gänsefüßchen geschrieben.*

Über viele Jahre kontrollierte Springer nahezu die gesamte Presselandschaft West-Berlins und wurde zum Feindbild der Studentenbewegung. Nach dem Attentat am 11. April 1968 auf **Rudi Dutschke***, ihren führenden Kopf, hatten aufgebrachte Studenten unter der Parole „Enteignet Springer" die Auslieferung der Zeitungen aus dem Verlags-Gebäude verhindert. Sie hielten den Springer-Konzern für den „geistigen Attentäter." Rudi Dutschke, „"sozialistischer Utopist" und einer der Wenigen in Deutschland, die antifaschistisch und antistalinistisch waren, starb am 24. Dezember 1979 an den Spätfolgen der massiven Gehirnverletzungen durch die Kopfschüsse. Er liegt heute nach einem Beschluss des Berliner Abgeordnetenhauses zu seinem 20. Todestag auf dem Dahlemer St. Annen-Friedhof in einem Ehrengrab. Die „tageszeitung" im ehemaligen Berliner Zeitungsviertel an der Kochstraße nennt ihr Verlagsgebäude „Rudi-Dutschke-Haus".*

Der vor dem Springer-Konzern liegende Teil der Lindenstraße wurde 1995 in **Axel-Springer-Straße** umbenannt. Anlass war der 10. Todestag des Verlegers. Die Kopfsteinpflasterung biegt von dort in die **Kommandantenstraße** ein, wo sie an der Bundesdruckerei mit der Straßenkante nicht ganz identisch ist.

Die Grundschule „In der Luisenstadt" lag auf Ost-Berliner Gebiet direkt an der Mauer, der Kolonnenweg führte um die Schule herum. Am Ende der alten **Alexandrinenstraße** kommt die Kopfsteinpflasterung wieder zum Vorschein. In der **Sebastianstraße** können die Anwohner im Parterre und in der 1. Etage nach 28 Jahren Mauerblick wieder die freie Aussicht genießen.

Übergang Prinzenstraße

An der ***Kreuzung Sebastian-/Prinzenstraße*** *erinnert eine Tafel an den ehemaligen* ***„Übergang Prinzenstraße (Heinrich-Heine-Straße) für Bundesbürger"****. Und an den Fluchtversuch mit einem LKW. Am 18.4.1962 hatten drei Männer aus Ost-Berlin versucht, die Schlagbäume zu durchbrechen. Von Schüssen der Grenzsoldaten getroffen, gelang es dem Fahrer Klaus Brüske noch, den LKW auf West-Berliner Gebiet zu steuern. Er starb am Unglücksort, seine Begleiter wurden schwer verletzt. Danach wurde die Grenzanlage durch erzwungene Slalomfahrten zusätzlich gesichert. Dennoch unternahmen am 26.12.1965 zwei Männer und zwei Frauen einen weiteren Fluchtversuch mit einem Auto. Der 27-jährige Fahrer Heinz Schöneberger wurde von Grenzsoldaten erschossen, die drei Begleiter verhaftet. Im Tunnel der U-Bahn erinnert die Worttafel-Installation „Übergang" von Susanne Ahner an den ehemaligen Grenzübergang.*

Waldemar-/Luckauer Straße

Die doppelte Kopfsteinpflasterreihe bietet weiter bis zur Kreuzung Waldemar-/Luckauer Straße eine gute Orientierung.

Luisenstädtischer Kanal

Die Brücke führt über den ehemaligen Luisenstädtischen Kanal, der – von Peter Joseph Lenné projektiert – von 1848-1852 nach der Märzrevolution in „Notstandsarbeit" gebaut wurde und vom Urbanhafen des Landwehrkanals in die Spree führte. Er diente jahrzehntelang als Transportweg für die Baumaterialien zur Errichtung der Luisenstadt auf den ehemaligen Feldern. Zu beiden Seiten der Uferpromenade waren Bäume gepflanzt. Wegen der geringen Fließgeschwindigkeit stank der Kanal jedoch so zum Himmel, dass er 1926/27 aus hygienischen Gründen zugunsten eines Grünzuges wieder zugeschüttet wurde. Der alte Berliner Stadtteil Luisenstadt wurde 1920 zwischen den Bezirken Kreuzberg und Mitte aufgeteilt Hier verlief auch die Sektorengrenze zwischen Ost- und West-Berlin. In den 50er Jahren wurden die Anlagen mit Trümmerschutt gefüllt. Nach dem Fall der Mauer wurden die Kanalmauern wieder freigelegt und die Gärten neu gestaltet.

Leuschnerdamm

Man fährt über die Brücke, biegt links in den **Leuschnerdamm** ein und gelangt zum Engelbecken, das von Rad- und Wanderwegen umgeben ist. Die Mauer, die hier nicht markiert ist, verlief entlang dem **Bethaniendamm**, der heute mit einem markierten Fahrradstreifen ausgestattet ist.

Künstlerhaus Bethanien

Der Mauerweg passiert das in der Mariannenstraße 1 liegende **Künstlerhaus Bethanien**, ein ehemaliges Diakonissen-Krankenhaus, das 1845-47 auf Wunsch von Friedrich Wilhelm IV. erbaut worden ist. Das

Kreuzberger Bethaniendamm mit Thomaskirche, 1990

Schwesternwohnheim wurde am 8.12.1971 durch 600 Jugendliche besetzt. Nach dem vier Tage zuvor von einem Polizisten in der Eisenacher Straße erschossenen Anarchisten wurde das seit 1969 leerstehende „Martha-Maria-Haus" von den Besetzern in „Georg-von-Rauch-Haus" umbenannt. Die legendäre Rock-Gruppe „Ton Steine Scherben" hat die erste Hausbesetzung in West-Berlin mit dem Song „Das Rauchhaus ist besetzt" auf einer ihrer Scheiben verewigt. Der Refrain lautet: „Doch die Leute im besetzten Haus / riefen: Ihr kriegt uns hier nicht raus! / Das ist unser Haus, / schmeißt doch endlich Schmidt und Press und Mosch aus Kreuzberg raus".

Diese erste Besetzung war der Auftakt für die Hausbesetzerbewegung in der Bundesrepublik Deutschland. Zehn Jahre danach waren Ende der 70er/Anfang der 80er Jahre im ganzen Land Hunderte Häuser besetzt, allein in West-Berlin zeitweilig 160 Häuser. „Instandbesetzen statt Kaputtbesitzen" war die Parole gegenüber einer skandalösen Baupolitik, die auf Kahlschlag und Luxussanierung setzte.

Die Besetzer, vor allem Lehrlinge und Trebegänger, richteten Küche und Bäder her, installierten eine Gemeinschaftskasse, kauften gemeinsam ein, kochten und aßen gemeinsam. Die Nachbarn gaben ihnen Matratzen, alte Möbel, Essen und einen Fernseher für den Gruppenraum. Heute leben im „Georg-von-Rauch-Haus" 45 Menschen zwischen 18 und 42 Jahren. Die Gemeinschaftsküche wurde 1984 abgeschafft, vom Kollektiv ist nichts geblieben.

Bei den wegen eines Bauskandals („Garstki-Skandal") vorgezogenen Neuwahlen am 10. Mai 1981 gelang es der 1978 gegründeten

Eastside Gallery, 2002

„Alternative Liste für Demokratie und Umweltschutz" (AL) mit 7,2 % erstmals ins Berliner Abgeordnetenhaus einzuziehen. Gleichzeitig wurde die Berliner Wohnungspolitik geändert: Weg von der Kahlschlagsanierung, hin zur sanften Modernisierung und Instandhaltung der Altbausubstanz. Nach dem Krieg waren in Berlin mehr Quadratmeter Stadt der Abrissbirne zum Opfer gefallen als im Krieg durch Bomben und Granaten zerstört wurden.

Die von der Hausbesetzerbewegung erzwungene Wende in der Wohnungspolitik hatte nach dem Fall der Mauer Auswirkungen auf die Sanierungsmaßnahmen im Ostteil der Stadt. In wenigen Monaten wurden in Ost-Berlin direkt nach der Wende über 100 Häuser besetzt. Die Hausbesetzer (West) arbeiteten mit den Hausbesetzern (Ost) zusammen, für die gefährdete Bausubstanz in Ost-Berlin organisierten sie das gemeinsame Programm „Winterfestmachung 1990/91". Heute ist die Kahlschlagsanierung Geschichte, die sanfte Sanierung der Altbausubstanz ist im wiedervereinigten Berlin unumstritten.

Oberbaumbrücke, 2001

Köpenicker Straße

Nach Querung der Köpenicker Straße kommt man über die **Schillingbrücke** nach Friedrichshain. Dort sieht man die denkmalgeschützten Reste der Hinterlandmauer auf dem Eckgrundstück Stralauer Platz.

Friedrichshain

Hier war der Grenzverlauf am westlichen, die Mauer stand am östlichen Spreeufer. Da das Ufer nicht zugänglich ist, muss man über die stark befahrene Mühlenstraße am Ostbahnhof entlang fahren und kommt zur „East Side Gallery".

East Side Gallery

Sie ist das längste noch erhaltene Mauerstück, das in der Wendezeit von Künstlern bemalt und teilweise im Jahr 2000 mit Sponsorengeldern so saniert wurde, dass viele verblasste Bilder wieder in altem Glanz erscheinen. Nach harten Auseinandersetzungen um Abrisspläne war die „East Side Gallery" 1991 unter Denkmalschutz gestellt worden.

Eines der berühmtesten Bilder, „Test the best" von Birgit Kinder, wurde zuletzt im Mai 2000 saniert. Auf diesem drei Mauersegmente umfassenden Bild durchbricht ein „Trabi" die Mauer. Beeindruckend ist auch das Bild, auf dem die Mauer durch einen riesigen Menschenstrom durchbrochen wird. Witzig ist: „Es gilt, viele Mauern abzubauen". Auch

3
Friedrichshain
Kreuz-
berg
Alt Treptow
Treptow
Neukölln
Rixdorf
Görlitzer Park
Molecule Men
Spree
Oberbaumbrücke
"East Side-Gallery"
Wachturm im Schlesischen Busch
Treptowers
Ostbahnhof
Warschauer Straße
Schlesisches Tor
Görlitzer Bahnhof
Rathaus Neukölln
Warschauer Str.
Stralauer Allee
Mühlen-str.
Schlesische Str.
Puschkinallee
Am Treptower Park
Skalitzer Str.
Kiefholzstr.
Sonnenallee
Karl-Marx-Str.
Flughafen-str.
Boxhagener Str.
Grünberger Str.
Holzmarkt-str.
Köpenicker Str.
Wiener Str.
Heidelberger Str.
Elsenstr.
Güterbahnhof Neukölln-Treptow
Landwehrkanal
Neuköllner Schiffahrtskanal
2,5
3,5
2
4
23

Thierry Noir hat dort seine Bilder restauriert.

Weil sich die „East Side Gallery" an einer sehr stark befahrenen sechsspurigen Autostraße befindet, und weil sie sofort zum Kunstobjekt wurde, konnte das längste erhaltene Stück authentischer Mauer vor den „Mauerspechten" geschützt werden. Neben vielen anderen Bildern verblasst ist leider auch der berühmte „Bruderkuss" von Leonid Breschnew und Erich Honecker, da es bisher keine Geldspritze für die Rettung dieser Bilder gibt.

Am Ende der „East Side Gallery" gelangt man zum früheren „Übergang Oberbaumbrücke für Westberliner", einen der insgesamt acht beim Mauerbau vorhandenen innerstädtischen Grenzübergänge.

U-/S-Bahnhof Warschauer Straße

Will man die Etappe hier beenden, empfiehlt es sich, auf dem Radweg zum U-/S-Bahnhof Warschauer Straße zu fahren. Das gesamte Ensemble des behindertengerechten U-Bahnhofs steht unter Denkmalschutz.

Diese sieben Kilometer lange Tour durch die Stadtmitte eignet sich auch als historischer Spaziergang durch die Geschichte Berlins.

Von der Warschauer Straße nach Schöneweide 17 km

Vom **Bahnhof Warschauer Straße** fährt man über die Oberbaumbrücke bis zum U-Bahnhof Schlesisches Tor.

Oberbaumbrücke

Die schönste Brücke Berlins wurde 1894/96 gebaut und berücksichtigte bereits das geplante Viadukt der ersten Berliner U-Bahn-Strecke. Mit einer „Ministerfahrt" – Kaiser Wilhelm II. fuhr erst sechs Jahre später mit dieser U-Bahn – wurde am 15. Februar 1902 die erste U-Bahnstrecke in Deutschland zwischen den Bahnhöfen Stralauer Thor und Potzdamer Platz eingeweiht. Der U-Bahnhof Warschauer Brücke wurde erst am 17. 08. 1902 eröffnet. Der U-Bahnhof Stralauer Thor befand sich am östlichen Ende der Oberbaumbrücke und ist der einzige im Zweiten Weltkrieg zerstörte U-Bahnhof, der nicht wieder aufgebaut wurde. Anlässlich des 100. Geburtstages der U-Bahn wurde die "Ministerfahrt" mit Bundesverkehrsminister Bodewig wiederholt und durch eine Briefmarke und eine Münze gewürdigt.

Übergang Oberbaumbrücke auf der West-Berliner Seite, 1990

Aber nicht nur der Bahnhof, auch die Brücke, hatte im 2. Weltkrieg schwere Schäden erlitten. Als das Kriegsende absehbar war, gab Hitler nämlich den Befehl zur Sprengung. Das Mittelfeld der Brücke wurde total zerstört und die prächtigen Türme beschädigt. 1995 ist sie vom spanischen Architekten Santiago Calatrava denkmalgerecht restauriert worden.

In luftiger Höhe von 37 Metern krönt den Friedrichshainer Turm der in Kupfer getriebene zwei Meter große Berliner Bär, den Kreuzberger Turm der gleich-

große Brandenburger Adler. Die am Wiederaufbau Beteiligten haben in der Kugel, auf der der Bär steht, eine Grußbotschaft an „Künftige Generationen" aufbewahrt: „Wir wünschen uns heute, dass die Stärke des Bären und der Weitblick des Adlers die Oberbaumbrücke vor erneuter sinnloser, willkürlicher Zerstörung durch Menschenhand bewahren werden und sie damit auf lange, lange Sicht als verbindendes Band den Menschen dienen kann."

Übergang Oberbaumbrücke auf der West-Berliner Seite, 2002

Von der Brücke aus kann man auch auf die dem Wasser zugewandte Seite der „East Side Gallery" schauen, die ebenfalls bemalt worden ist. Zu Mauerzeiten patrouillierten DDR-Grenzboote auf der Spree. Blickt man zur anderen Seite, so erkennt man die „Treptowers" und in der Spree den Tanz der Giganten, die 30 Meter hohen **„Molecule Men"** von Jonathan Borofsky. Die 1999 aufgestellte Riesenskulptur mit den drei Figuren steht am Schnittpunkt der drei Stadtteile Treptow, Kreuzberg und Friedrichshain.

Auf der **Kreuzberger Seite** der Brücke, am Gröbenufer, steht eine Hinweistafel, die an das erste „Passierscheinabkommen" vom 17.12.1963 erinnert. Danach war es den West-Berlinern nach mehr als zwei Jahren möglich, in der Zeit vom 19.12.1963 bis zum 5.1.1964 für einen Tagesbesuch bei ihren Verwandten im Ostteil der Stadt die Oberbaumbrücke zu passieren.

Zur Erinnerung an den ehemaligen Grenzübergang Oberbaumbrücke wurde das „Stein-Papier-Schere-Spiel" von Thorsten Goldberg realisiert, eine Lichtinstallation stadteinwärts im Brückensprengwerk, die nur in der Dunkelheit zu sehwen ist.

Die „Menschenlandschaft Berlin" zwischen Schlesischer Straße und Groebenufer ist das Ergebnis eines multikulturellen Bildhauersymposions nach dem von Azade Köker entwickelten Vorschlag eines Skulpturenweges. Er verbindet eine Sequenz von Einzelskulpturen, die das Thema „Ausländer in Berlin" in unterschiedlichen Stilformen und Materialien umsetzen. Das

Oberbaumbrücke, 1990

Thema reflektiert die historische und aktuelle Rolle der Gegend am Schlesischen Tor als Kristallisationspunkt für Einwanderung nach Berlin.

Die vielfältigen historischen, sozialen und räumlichen Bezüge zum städtischen Alltag und der komplizierte Doppelprozess von gruppeninternem und stadtöffentlichem Dialog – mit

Bürgerbeteiligung von Anfang an - unterschied das Symposion von dem zeitgleich laufenden „Skulpturenboulevard Kurfürstendamm".

Das Motto „Menschenlandschaft" stammt von der Schriftstellerin Ingeborg Drewitz und geht auf den Spruch des türkischen Dichters Nazim Hikmeth zurück: „Leben – einzeln und frei wie ein Baum – brüderlich wie ein Wald – das ist unsere Sehnsucht"

U-Bahnhof Schlesisches Tor

Dieser U-Bahnhof, ein massiver Sandsteinbau mit Kuppeltürmchen von Hans Griesebach, verdrängte das Schlesische Tor, das seinen Namen 1740 per Dekret nach der Eroberung Schlesiens bekommen hatte. Durch dieses Tor kamen die Einwanderer aus Schlesien im 18. Jahrhundert, während andere Einwanderergruppen auch andere Tore benutzten, zum Beispiel das Hallesche Tor.

Linie 1

Dieser U-Bahnhof war zu Mauerzeiten Endstation der Linie 1 und Titelgeber des populären Rock-Musicals von Volker Ludwig und Birger Heymann. Am 7. April 2001 gab es im „Grips-Theater" am Hansaplatz die tausendste Vorführung der „Linie 1", die auch verfilmt wurde. Mit den Stücken, die sie für das seit 1972 „Grips" heißende Kinder- und Jugendtheater geschrieben haben, avancierten Ludwig/Heymann zu den am viertmeist gespielten Autoren im deutschsprachigen Raum – gleich nach Shakespeare, Brecht und Molière.

Schlesische Straße

Vor dem U-Bahnhof biegt man links in die **Schlesische Straße** ein. Leider gibt es keinen Uferweg, weil die Häuser bis dicht an die Spree gebaut wurden. Die Schlesische Straße führt über die Schleuse und die Insel, auf der sich die Flatow-Sporthalle befindet. Auf der **Treptower Seite** des Landwehrkanals verlief die Mauer.

Am Landwehrkanal hinter dem Lohmühlenplatz, 1990

Museum der verbotenen Kunst

Vom Mauerstreifen, der heute eine Parklandschaft mit einem breiten Fuß- und Radweg ist, blieb nur noch ein Wachturm übrig, der das „Museum der verbotenen Kunst" beherbergt.

Görlitzer Bahnhof

*Auf dem Gelände des im Krieg zerstörten Görlitzer Bahnhofs ist ein Park angelegt worden mit dem berühmten **Pamukkale-Brunnen** und dem **Spreewaldbad**.*

Der Mauerweg führt unter der alten Görlitzer Bahntrasse hindurch, die als Rad- und Wanderweg genutzt wird. Der Grenzstreifen ist mit einer Reihe von **Kirschbäumen** bepflanzt, die von japanischen Bürgern „aus Freude über die Wiedervereinigung" gespendet wurden. Am Lohmühlen-Zwickel steht ein Stein mit dem erklärenden Text.

Lohmühlen-Zwickel

*Beim letzten Gebietsaustausch, der am 1.Juli 1988 in Kraft trat, schrieb der Berliner Tagesspiegel: „Am **Lohmühlen-Zwickel** mit dem Lohmühlenplatz und der Lohmühlenbrücke*

Am Landwehrkanal hinter dem Lohmühlenplatz, 2002

wird **Neukölln** *etwas größer, damit die von der Mauer zerschnittene Verkehrsverbindung Kiehlufer, Maybachufer und Harzer Straße wieder verknüpft wird."* Denn nur eine kleine Spitze hatte diese Verbindung verhindert. Die Brücke wurde anschließend saniert, so dass nach dem Fall der Mauer der ganze Platz schnell umgestaltet werden konnte.

Onckenstraße/Mengerzeile

In der **Onckenstraße** und in der **Mengerzeile** taucht der doppelte Kopfsteinpflasterstreifen wieder auf. In der **Bouchéstraße** markiert er gleichzeitig den rechten Parkstreifen. In der **Heidelberger Straße** ist er bis zur Wildenbruchstraße sichtbar, bevor es auf dem mit Kirschbäumen bepflanzten ehemaligen Mauerstreifen durch eine öffentliche Grünanlage weitergeht, die die Heidelberger Straße unterbricht. Auf der Treptower Seite befindet sich die Kopfsteinpflasterung in der Kiefholzstraße, die den Grenzstreifen bildete. Sie ist heute als zweispurige Straße mit markierten Fahrradstreifen und Baumbeständen zu beiden Seiten ausgebaut.

Sowjetisches Ehrenmahl

Biegt man von ihr links ab in die **Puderstraße**, *erreicht man das* **„Sowjetische Ehrenmahl"** *im Treptower Park, das 1949 als Gedenkstätte für die in der „Schlacht um Berlin" gefallenen 5000 sowjetischen Soldaten errichtet worden war. Der Mausoleumshügel mit der fast 12 Meter hohen und 70 Tonnen schweren Bronzefigur des sowjetischen Soldaten Nikolai Iwanowitsch Masalow bildet das Zentrum der größten Berliner Denkmalsanlage. Masalow, ein Feldwebel der Roten Armee, rettete am 30. April 1945 bei der Eroberung Berlins ein dreijähriges Mädchen aus dem Kugelhagel an der Potsdamer Brücke in Tiergarten. Die Bronzeplastik zeigt Masalow, wie er in der linken Hand das Kind hält und mit dem Schwert in seiner rechten Hand ein Hakenkreuz zerschlägt, das zu seinen Füßen liegt.*

Blick in die Neuköllner Elsenstraße, 1989

Hier haben Bundeskanzler Helmut Kohl und der russische Staatspräsident Boris Jelzin am 31. August 1994 in einer feierlichen Zeremonie die in Deutschland seit 1945 stationierten sowjetischen Truppen verabschiedet. Damit wurde – 55 Jahre nach Beginn des Zweiten Weltkrieges am 1. September 1939 – die Versöhnung der ehemaligen Kriegsgegner besiegelt.

Die westlichen Schutzmächte wurden am 8. September 1994 mit einem Großen Zapfenstreich am Brandenburger Tor verabschiedet. Neben dem Bundeskanzler und dem regierenden Bürgermeister nahmen der

Blick in die Neuköllner Elsenstraße, 2002

französische Staatspräsident Francois Mitterand, der britische Premierminister John Mayor und der amerikanische Außenminister Warren Christopher teil.

Mit der Verabschiedung der ehemaligen Vier Siegermächte hatte nicht nur der **Sonderstatus** von Berlin, sondern nach fast 50 Jahren auch die Nachkriegszeit des von Nazi-Deutschland entfachten Zweiten Weltkriegs ihr sichtbares Ende gefunden.

Kiefholzstraße

Zurück zur **Kiefholzstraße***, wo in Höhe der östlichen „Kleingartenanlage Fortuna" das 1999 errichtete* **Denkmal** *von Jan Skuin und Rüdiger Roehl steht. Die Metallskulptur der Bohnsdorfer Künstler besteht aus einem 3,60 Meter hohen, dunkelgrünen Mauerstück und einem zweiten, kleineren Teil, aus dem die Silhouette einer kindlichen Figur gestanzt wurde. Mehrere Einschusslöcher und eine Inschrift machen auf die dramatischen Ereignisse aufmerksam: „In Treptow starben 15 Menschen an der Berliner Mauer. Unter den Opfern waren zwei Kinder. Jörg Hartmann, 10 Jahre alt, und Lothar Schleusener, 13 Jahre alt. Erschossen am 14.3.1966".*

Der zehnjährige Jörg, der zusammen mit seinen beiden Geschwistern bei der Großmutter in Ost-Berlin lebte, wollte zu seinem Vater nach West-Berlin. Als die beiden Kinder an dieser Stelle in der Abenddämmerung den ersten Grenzzaun überwunden hatten, wurden sie blindlings erschossen. Aus zwei Richtungen feuerten die Grenzposten mit Maschinenpistolen, als sie einen Schatten entdeckten. Der 13jährige war nach zwei Kopfschüssen sofort tot, der Zehnjährige starb im Krankenhaus.

Offiziell hieß es; dass Jörg ertrunken und Lothar nahe Leipzig an einem Stromschlag gestorben sei. Die Sterbeurkunde des Standesamtes Leipzig wurde gefälscht. Die Schützen

Eastside Gallery, 2002

erhielten die üblichen Ehrungen. Einer von ihnen wurde im November 1997 zu einer Bewährungsstrafe von 20 Monaten verurteilt.

Denkmal Kleingartenanlage Fortuna

Hinter dem Denkmal fährt man auf einem befestigten Feldweg nach rechts in den Mauerstreifen, der von hier schräg zum Dammweg verlief, wo er auch wieder markiert ist. Die Brücke über den Heidekampgraben wurde neu gebaut. Vom Dammweg aus gelangt man über den Kolonnenweg, auf dem die Panzerplatten entfernt worden sind, zum Tunnel unter dem Bahndamm der S-Bahn zwischen den Bahnhöfen Köllnische Heide und Baum-

4
5
3
29
Plänterwald
Neukölln
Treptow
Johannisthal
Königsheide
Treptower Park
Plänterwald
Spree
Abtei-Insel
Neue Krugallee
Köpenicker Landstr.
Kiefholzstr.
Sonnenallee
Baumschulenstr.
Späthstr.
Buschkrugallee
Heidekampweg
Heidekampgraben
Britzer Allee
Neuköllnische Allee
Grenzallee
Schiffahrtskanal
Britzer Verbindungskanal
Teltowkanal
Unterhafen
Oberhafen
ehemaliger Übergang Sonnenallee
Denkmal
Sowjetisches Ehrenmal
Archenhold Sternwarte
Karpfenteich
Arboretum
Späthsfelde
Sdlg. Daheim
Rathaus
Bücherei
Stadtbibl.
Arbeitsamt II
Tabeak.
Volkspark Schulenburg-Park
Gewerbe
Güterbahnhof Neukölln-Treptow
Fernheizwerk
Hafen
A 113 in Bau, fertig 2002
Autobahnanschluss in Bau, fertig 2002
Kölnische Heide

schulenweg. Vom S-/U-Bahnhof Warschauer Straße sind es bis zum S-Bahnhof Köllnische Heide etwa sieben Kilometer, die sich auch für einen Spaziergang eignen.

Heidekampgraben

Die Mauer verlief im **Heidekampgraben** und trennte Neukölln und Treptow. Heute sind die beiden Bezirke an dieser Stelle durch Holzbrücken wieder miteinander verbunden. Der Kolonnenweg ist nur mühsam befahrbar, der Zollweg für den Fahrradverkehr geeignet. Dennoch ist erstaunlicherweise das Fahrradfahren auf der westlichen Seite des Heidekampgrabens – derzeit noch – verboten.

Sonnenallee

In der **Sonnenallee** – durch Thomas Brussigs Roman und Leander Hausmanns Verfilmung erlangte sie einige Berühmtheit – wird im Bürgersteig und auf der Straße die doppelte Kopfsteinpflasterung sichtbar.

Zu Mauerzeiten war hier der **„Übergang Sonnenallee** für Westberliner". Die Fernrohr-Installation „Übergang" von Heike Ponwitz erinnert daran. Man fährt im Grenzstreifen weiter bis zur **Neuköllnischen Allee/Forsthausallee**. Da man auf der Neuköllner Seite nicht radeln kann, empfiehlt sich der Kolonnenweg auf der südlichen Seite des Britzer Verbindungskanals.

Das letzte Maueropfer

In diesem Abschnitt wurde das letzte Maueropfer erschossen, der 20-jährige Chris Gueffroy. In der Nacht vom 5. auf den 6. Februar 1989 hatte er mit seinem gleichaltrigen Freund, Christian Gaudian, versucht, durch den Britzer Verbindungskanal auf die Neuköllner Nobelstraße in den Westen zu flüchten. Als nur noch ein zwei Meter hoher Streckmetallzaun und der Kanal die beiden vom West-Berliner Ufer trennten, wurden sie entdeckt und sofort unter Beschuss genommen. Während Christian Gaudian festgenommen wurde und drei Wochen später wegen „versuchten ungesetzlichen Grenzübertritts im schweren Fall" zu einer Gesamtfreiheitsstrafe von drei Jahren verurteilt wurde, starb Chris Gueffroy einen qualvollen Tod im Kugelhagel der Grenztruppen. Er wurde von insgesamt zehn Schüssen getötet.

Die Todes-Anzeige war am Dienstag, den 21.2.1989 in der (Ost-) „Berliner Zeitung" erschienen. Dass dies möglich war, deutet auf eine Panne des Staatssicherheitsdienstes hin. Diejenigen, die sie annahmen und druckten, wussten wohl nicht, um welch „tragischen Unglücksfall" es sich handelte. Die Mutter von Chris, Karin Gueffroy, war Nebenklägerin im Prozess gegen die Mauerschützen, die zu Bewährungsstrafen verurteilt wurden.

Für uns alle unfaßbar – er war noch so jung.
Wir trauern in unendlichem Schmerz und voll Liebe um

Chris Gueffroy

geb. am 21. 6. 1968 gest. am 6. 2. 1989

der durch einen tragischen Unglücksfall von uns gegangen ist.

Deine Mutti Karin
und Detlef Prenslow
Dein Bruder Stephan
Deine Omi, Onkel Rainer und alle Familienangehörigen
Deine Freundin Katrin und ihre Mutter
Deine Freunde Drik, Steffi, Stefan, Alex, Timmi, Annett, Torsten, Bent, Christian, Roland, Thomas
und alle, die ihn kannten und liebten

Die Trauerfeier findet am 23. 2. 1989, 14 Uhr, in Berlin-Baumschulenweg statt.

Königsheide
Johannisthal
Britz
Sdlg. Späthsfelde
Breites Fenn
Kleingarten-anlage Britzer Wiesen
Kol. Späthswalde
Kol. Hermanns-ruh
Kol. Gemütliches Heim
Kol. Heide am Wasser
Kol. Einigkeit
Kol. Oberdamm
Kol. Am Buschenkrug
Kol. Friedens-garten
Kol. Frisch-auf
Kol. Edelweiß
Kol. Hasenheim
Kol. Am Wiesensteig
Kol. Ideal III
Kol. Alpen-tal
Kol. Therese
Kol. Neuseeland
Kol. Frohsinn
Wasserwerk Johannisthal
Kraftwerk Rudow
Ernst-Keller-Brücke
Teltowkanal
A 113 in Bau
Hafen Rudow-West
Krankenhaus Neukölln
Phil.-Melanchthon-K.
Joh.-thaler Park
gepl. Stadt-park
(ehem. Flugplatz Johannisthal)
Sterndamm
Späth-str.
Rudower Str.
Stubenrauch-str.
Segelfliegerdamm
Königsheideweg
Johannisthaler Chaussee
Schöne-weide
Güterb. Schöne-weide
DEFA Zentralstelle f. Filmtec
Burnschule
Pumpstation
4
5
6
3
3,5

Neuköllnische Allee/Britzer Allee

Der Weg führt über die **Neuköllnische** und **Britzer Allee** über den Kanal und biegt rechts in den geteerten Zugangsweg zur Kleingartenanlage „Harmonie" in die Kirschallee ein. Danach geht es geradeaus in die Sackgasse, an deren Ende man links in den geteerten Weg einbiegt. Auf diesem Weg radelt man durch die Baumschule.

Baumschule

Die Baumschule war im 19. Jahrhundert von Franz Ludwig Späth gegründet worden und bis 1989 hinter der Mauer versteckt. Späth war einer der Pioniere von Gartenbau und Obstbaumkultur und gestaltete die „Linden" zwischen Brandenburger Tor und Schlossplatz.

Entlang der Baumschule kommt man zum Britzer Hafen, wo die neue Autobahnbrücke schon fast fertig ist.

Teltowkanal

Der **Teltowkanal** *bildete die Grenze zwischen den Bezirken Neukölln und Treptow. Seit der Wende war dieses Gebiet eine Natur-Idylle, die durch den Bau einer Autobahn zerstört worden ist. Die Teltowkanal-Autobahn A 113 verläuft parallel zum sechsspurigen Adlergestell*

Massantebrücke über den Teltowkanal in Neukölln, 1988

und zur viergleisigen Görlitzer Bahn, wobei der Trassenverlauf weniger von den verkehrspolitischen Notwendigkeiten als von der billigen und problemlosen Aneignung der ehemaligen Mauergrundstücke bestimmt wurde. Leider gehört diese Idylle der Vergangenheit an.

Man bleibt auch weiterhin auf dem asphaltierten Kolonnenweg, der parallel zum Kanal und zur Autobahn verläuft, stößt dann auf den Autobahnzubringer, auf dessen Radweg man bis zur **Späthstraße** fährt. Der Weg führt nach rechts über die neue Brücke nach Neukölln. Hinter der Brücke biegt man sofort links in den asphaltierten Weg zwischen Kleingärten und Teltowkanal ein und unterquert später auf einem sehr schmalen Uferweg die Ernst-Keller-Brücke der Johannisthaler Chaussee.

Der Uferweg mündet in einen breiten, später asphaltierten gemeinsamen Fuß- und Radweg, der am Kraftwerk Rudow vorbeiführt. Am Gelände des Salzgitter-Stahlhandel fährt man nach rechts zum **Seidelbastweg**, der zur **Stubenrauchstraße** führt. Von hier aus fährt man nach links über die Massantebrücke und von dort über den Segelfliegerdamm drei Kilometer zum **S-Bahnhof Schöneweide**.

Berliner Flugwoche

Östlich vom Segelfliederdamm wurde am 26. September 1909 der erste deutsche Motorflugplatz in Johannisthal mit der ersten Flugveranstaltung – „Große Berliner Flugwoche" – eröffnet. Einen Tag später unternahm der Franzose Hubert Latham den ersten deutschen Streckenflug von Tempelhof nach Johannisthal. Heute wird auf diesem Gelände neben einem geplanten Stadtpark auch „Berlin-Adlershof – Die Stadt für Wissenschaft und Wirtschaft" errichtet.

6
5
7
Johannisthal
Adlershof
Neukölln
Köpenick-
Treptow
geplanter Stadtpark
(ehem. Flugplatz Johannisthal)
Berlin-Adlershof
Die Stadt für
Wissenschaft und Wirtschaft
Betriebsbahnhof Schöneweide
Adlershof
Kraftwerk Rudow
Phil.-Melanchthon-K.
Teltowkanal
Hafen Rudow West
Hafen Rudow Ost
Massantebrücke
Teltowkanalbrücke
Schäferwiesen
A 113 in Bau
Hinterlandmauer
Zwickauer Damm
Sterndamm
Segelfliegerdamm
Stubenrauchstr.
Kanalstr.
Rudower Chaussee
Adlergestell
Wegedornstr.
Rudower Str.
Semmelweisstr.
Neuköllner Str.
Eisenhutweg
Akeleiweg
Springbornstr.
Hedderichweg
Kol. Neuer Garten
Kol. Erlengrund
33

Massantebrücke über den Teltowkanal in Neukölln, 2002

NS-Zwangsarbeiterlager Niederschöneweide

Östlich des S-Bahnhofs Schöneweide, auf einem Gelände zwischen Köllnitze, Britzer, Rudower und Grimaustraße, befindet sich das letzte noch komplett erhaltene ehemalige Zwangsarbeiterlager Berlins aus der NS-Zeit. Zwischen den Wohnbauten in der Nachbarschaft erstreckt sich ein ca. 3,3 ha großes Gelände mit 13 symmetrisch angelegten Steinbaracken, die heute von verschiedenen kleinen Betrieben, Werkstätten und sozialen Einrichtungen genutzt werden.

S-Bahnhof Schöneweide

Von Schöneweide nach Schönefeld — 10 km

S-Bahnhof Schöneweide

Vom Aufzug des nördlichen Zugangs am **S-Bahnhof Schöneweide** geht es zweimal nach rechts in den Sterndamm, dann links in den **Groß-Berliner Damm** und die erste Straße rechts in die **Pietschkerstraße**. Hinter dem Eckhaus biegt man links in den Fuß- und Radweg vom **Johannisthaler Park** ein, hält sich links und gelangt über den asphaltierten Weg zur **Engelhardstraße**. Diese führt zum **Segelfliegerdamm**, der – zunächst über Kopfsteinpflaster – zur **Stubenrauchstraße** führt.

Schäferwiesen

Das freie Gebiet zwischen Stubenrauch- und Wegedornstraße wird **„Schäferwiesen"**

Hinterlandmauer zwischen Rudow und Altglienicke, 2000

Rudow
Alt-Glienicke
Siedlung Falkenlöhe
Rudower Höhe
70
Hinterland-mauer
6
7
8
35
St.-Joseph-Kirche
Dorfkirche
Kattenpfuhl
Friedhof Rudow
Espenpfuhl
Reitplatz
Gärtnerei
Nordpark
Kol. Rudower Höhe
Wochenendsiedler an der Rudower Höhe
Siedlung am Bahnhof Rudow
Kol. Ewige Heimat
Siedlung an der Waßmannsdorfer Chaussee
Kol. Platanenblick
Kol. Zittauer
Kol. Erlengrund
Stadion Altglienicke
Siedlung Rehpfuhl
Siedlung Altglienicker Grund
Lolopfuhl
Krummer-katzen-pfuhl
Röthepfuhl
Meskengraben
Rudower Fließ
A 113 in Bau
Groß-Ziethener Chaussee
Waßmannsdorfer Chaussee
Neudecker Weg
Köpenicker Weg
Alt-Rudow
Neuhofer Str.
Ostburger Weg
Schönefelder Chaussee
Wegedorn
Rudower Str.
Semmelweisstr.
Zwickauer Damm
Margueritenring
Rhodeländerweg
Deutschtaler Str.

genannt und ist ökologisch besonders interessant, weil sich hier nach dem Bau der Mauer schnell eine üppige Spontanvegetation entwickelt hat. Deshalb – und aus Protest gegen den Autobahnbau – machten Berliner Naturschützer am 3. Juni 2000, dem „Tag der Artenvielfalt", eine ganztägige Bestandsaufnahme. Sie erbrachte 1216 Pflanzen- und Tierarten, darunter 315 Käfer- und 55 Vogelarten.

Hinter der Massantebrücke biegt man links in die Kanalstraße ein, fährt auf dem Radweg bis zur Köpenicker und durch die August-Froehlich-Straße zum **Neudecker Weg**. Hier biegt man nach links ab, benutzt den Radweg und biegt hinter dem letzten Haus in den befestigten Feldweg des Grenzstreifens ein. Man kann die Mauerreste schon erkennen.

Hinterlandmauer Rudow/Altglienicke

Hier, zwischen Rudow und Altglienicke, ist ein langes zusammenhängendes Stück Hinterlandmauer im Original zu sehen. Etwa die Hälfte davon, die dem Autobahnbau nicht im Wege steht, wurde zum 40. Jahrestag des Mauerbaus unter Denkmalschutz gestellt. Die Mauer ist schon stark zerstört, einige Segmente sind sogar herausgerissen worden.

Zollweg im Neuköllner Süden, 1988

Der Kolonnenweg ist anfangs teilweise sandig und schmal. Hinter der „Rudower Höhe" ist er jedoch fast vollständig asphaltiert oder betoniert. Wegen des Autobahnbaus ist die aktuelle Route ungewiss.

Rudower Höhe

Die **„Rudower Höhe"** *ist ein 28 Meter hoher ehemaliger Trümmerberg, der bis 1958 auch als Müllkippe genutzt wurde. Seit 1972 wurde er rekultiviert und als Naherholungsgebiet mit Rodelbahn, Skihang und Aussichtsplattform gestaltet.*

Waltersdorfer Chaussee

Man quert den ehemaligen **„Übergang Waltersdorfer Chaussee** für Westberliner. Für Bundesbürger und Ausländer nur zum Flughafen Schönefeld" auf dem Kolonnenweg. Die frühere Wendeschleife für den (BVG)-Bus ist nicht mehr zu sehen.

Zwischen Waltersdorfer Chaussee und Schönefelder Straße entsteht auf dem früheren Grenzstreifen in der Gartenstadt Rudow ein naturnah gestalteter Landschaftspark mit Wiesenflächen, frei wachsenden Hecken und einheimischen Gehölzen.

Von hier oder von der Rudower Dorfstraße bis zum Bahnhof Schönefeld sind es knapp zwei Kilometer.

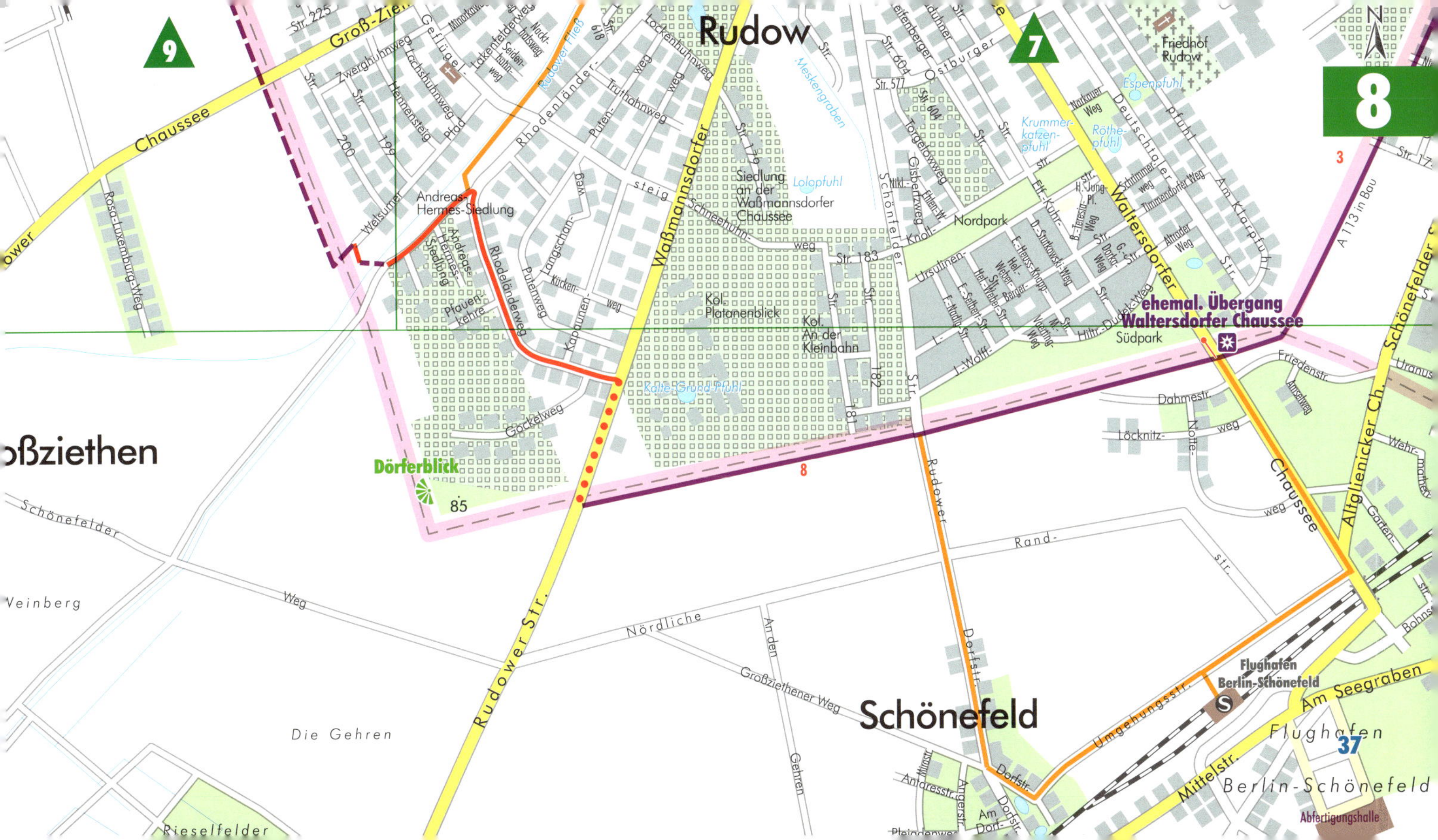

Rudow
Schönefeld
ßziethen
9
7
8
Friedhof Rudow
Espenpfuhl
Krummer-katzen-pfuhl
Röthe-pfuhl
Lolopfuhl
Kalte-Grund-Pfuhl
Meskengraben
Rudower Fließ
Siedlung an der Waßmannsdorfer Chaussee
Kol. Platanenblick
Kol. An der Kleinbahn
Andreas-Hermes-Siedlung
Nordpark
Südpark
ehemal. Übergang Waltersdorfer Chaussee
Dörferblick
85
Waßmannsdorfer Chaussee
Waltersdorfer Chaussee
Rudower Str.
Rudower Dorfstr.
Altglienicker Ch.
Schönefelder Ch.
Schönefelder Weg
Nördliche Randstr.
Großziethener Weg
Umgehungsstr.
Am Seegraben
Mittelstr.
Flughafen Berlin-Schönefeld
Abfertigungshalle
37
Weinberg
Die Gehren
Rieselfelder
Rosa-Luxemburg-Weg
A 113 in Bau
Ostburger Weg
Friedenstr.
Dahmestr.
Löcknitzweg
Rhodeländerweg
Puten weg
Gockelweg
Schneehuhnweg
Truthahnweg
Lockenhuhnweg
Pfauenkehre
Kükenweg
Kapaunenweg
Langschanweg
Hennensteig
Zwerghuhnweg
Welsumer Pfad
Ursulinenstr.
Alfrader Weg
Timmendorfer Weg
Am Klarpfuhl
Deutschtaler Str.
Str. 183
Str. 181
Str. 182
Str. 179
Str. 577
Str. 604
Str. 225
Str. 200
Str. 199
Str. 618
Narkauer Weg
Torgelowweg
Gisbertweg
Uranus
Am Dorfteich
Angerstr.
Andresstr.
Dorfstr.
Bohnsdorfer

Von Schönefeld nach Lichtenrade 15 km

Bahnhof Schönefeld

Den **Bahnhof Schönefeld** verlässt man am nördlichen Zugang, fährt nach links und biegt dann rechts in die Dorfstraße ein, die zum Grenzstreifen führt.

Auffällig ist die harte Stadtkante, die an dieser Stelle von der DDR-Seite bis an den Mauerstreifen bebaut wurde. Bis zur ***Waßmannsdorfer Chaussee*** *ist der asphaltierte Kolonnenweg – die alten DDR-Peitschenlampen stehen noch – in sehr gutem Zustand.*

Auf dem Kolonnenweg geht es weiter. Im Grenzstreifen befinden sich heute ein Reiterhof und ein Bauernhof.

Grünanlage Dörferblick

Der Weg um die 86 Meter hohe Grünanlage ***„Dörferblick"*** *herum ist seit einigen Jahren versperrt. Sie wurde von 1958-1971 als Müllkippe genutzt. Da die biochemischen Vorgänge noch nicht abgeschlossen sind, wurde die Anlage bislang nicht durchgängig gärtnerisch gestaltet. Sie ist vorwiegend durch Spontanvegetation geprägt.*

Rudow – von der Grünanlage „Dörferblick", 1988

Waßmannsdorfer Chaussee

Man biegt in die **Waßmannsdorfer Chaussee** ein – ab Stadtgrenze über den befestigten Feldweg an der westlichen Seite – und gelangt über den **Rhodeländer** zum **Klein-Ziethener Weg.**

Tipp: Von hier aus kann man am Fließ entlang fahren und am **U-Bahnhof Rudow** in die U 7 steigen. Wer weiterfährt, sollte wissen, dass es bis Lichtenrade kein Café gibt. Zwischen Schöneweide und Lichtenrade sieht man keinen einzigen Wachturm mehr, und – außer der Hinterlandmauer – nur wenige Hinweise auf die frühere Grenze.

Klein-Ziethener Weg

Kurz bevor das Kopfsteinpflaster im **Klein-Ziethener Weg** beginnt, radelt man auf dem befestigten Feldweg zum Fließ und über das Brückchen zum Grenzstreifen. Wenn der Zollweg einen Knick in die Siedlung macht, fährt man nach links in den Grenzstreifen hinein bis zum Kolonnenweg auf der westlichen Seite. Parallel zu den Feldern fährt man weiter über die Groß-Ziethener Chaussee hinweg. Kurz vor der **Gropiusstadt** fährt man an einem Zaun und an der Neukölln-Mittenwalder Eisenbahn (NME) entlang, kreuzt die Straße und die Bahntrasse zur Müllkippe und gelangt über den geteerten Weg zur **Ringslebenstraße**.

Die NME ist eine Privatbahn, die seit über 100 Jahren ihr Geld mit dem Transport von Müll, Kohle und Baustoffen verdient, bis 1948 beförderte sie auch Personen. Da sie vom Bahnhof Hermannstraße aus nach Mittenwalde fuhr, nannte sie die „Berliner Schnauze" auch „Hermännle" oder „rasender Hermann".

Gropiusstadt

Auch hier bemerkt man die harte Stadtkante, an dieser Stelle vom Westen her mit den Hochhäusern der **Gropiusstadt**. Hinter der Bushaltestelle vorbei geht der Weg zum **Stuthirtenweg** – früher eine Straße nur für Anlieger und Fahr-

Buckow
Alt Buckow
Chaussee
Buckower Damm
Karl-Marx-Str.
Drusenheimer Weg
Gerlinger Str.
Warmsteinacher Str.
Ringsleben-str.
Ringslebenweg
Stuthirten-
W.-Simon-
A.-Bebel-Str.
Thälmann-
Lessing-
Rudolf-Breitscheid-Str.
Karl-Liebknecht-Str.
Fr.-Ebert-Str.
Jägerweg
Hubertusstr.
Schillerstr.
Jahnstr.
Wildhüter-weg
Eichenquast
Landreiter-
Hasenheger-
Dröpke-
Mollner-
Achterhöfen
Christoph-Ruden-Str.
Lindenholz-
Chr.-Henkel-Str.
Arndtweg
Pf.-Wenke-Weg
1 Zum Kleinen Pfuhl
2 Im Altmannsgarten
3 Landschöppenpfad
Findlinge
Freizeitpark (in Planung)
Querweg
Rudower Chaussee
Groß-Z
Rosa-Luxemburg-Weg
Rudower Wäldchen
Güterbahnhof Rudow Nord
Wutzkyallee
Kölner Damm
Sollmannweg
Fr.-Kayßler-Weg
Mathäusweg
Zittauer
Söderblomweg
Zwickauer
Aschersleben
Str. 232
Str. 230
Str. 231
Str. 228
Str. 224
Str. 225
1 Giselherring
2 Siegfriedstr.
3 Gernotweg
Albrechtweg
Nibelungenstr.
Burgundstr.
Dankwartstr.
Etzel-ring
Attila-
Luisen-ring
Grüngürtel
An der Feldmark
Zum alten Bahndamm
Großziethen
chtenrade
6
8
9
10
39

räder. Heute sind einige Grundstücke der Straße wieder in Privatbesitz, weshalb man manchmal auf den Kolonnenweg ausweichen muss.

Buckower Damm

Man quert den **Buckower Damm** und radelt hinter den Werbetafeln weiter auf dem Zollweg – ein befestigter Feldweg – weiter bis zu einer jungen Parkanlage mit schönem Fuß- und Radweg bis zum Ende vom Drusenheimer Weg. Hier befindet sich eine Gruppe von Findlingen mit einem Hinweisschild auf die ehemalige Mauer. Weil die Häuser so dicht an den Mauerstreifen gebaut worden sind, fährt man hinter den Findlingen nach links auf den befestigten, aber nicht asphaltierten Kolonnenweg.

Der Bereich des ehemaligen Grenzstreifens wird hier bis zur Querung der **Groß-Ziethener Straße** vom Verein „LIBURU Mauerstreifen e.V." (Lichterade Buckow Rudow) betreut. Von hier radelt man weiter durch den dichten Birkenwuchs. Auf der rechten Seite sieht man die Hochhaussiedlung von Lichtenrade Ost.

Am Ende der Wittelsbacher Straße erinnert ein Holzkreuz an Horst Kullack (23), der hier am 01.01.1972 bei einem Fluchtversuch erschossen wurde. Wenig weiter, nachdem man nahe der Pechsteinstraße eine BMX-Bahn für die radbegeisterte Jugend passiert hat, ist der ehemalige Mauerstreifen zum großen Teil eingezäunt, um die neu angepflanzten Birken, Linden, Eichen und Kiefern zu schonen.

Das Gelände zwischen der **Groß-Ziethener Straße** und dem **Kirchhainer Damm** sowie weiter bis zur S-Bahntrasse ist in den Jahren nach der Wende von der „Umweltinitiative Teltower Platte" wieder aufgeforstet und mit besonderen Schichtholzhecken, dem wiederhergestellten Herthateich und zahlreichen Obstbäumen versehen worden. Zu den Erfolgen dieses ehrenamtlichen Bürger-Engagements zählt auch die Sicherung der Unterführung am Kirchhainer Damm, die ursprünglich entfernt werden sollte. Noch immer wehrt sich diese Umweltinitiative gegen die Pläne des Bundesforstamtes, den Kolonnenweg zwischen Kirchhainer Damm und S-Bahntrasse zurückzubauen und aufzuforsten.

Kolonnenweg durch die Marienfelder Feldmark, 2002

Kirchhainer Damm

Zu Mauerzeiten fuhren (West-Berliner) Müllfahrzeuge über den Kirchhainer Damm zur DDR-Mülldeponie Schöneiche. Deshalb wurde die B 96 für die Grenztruppen untertunnelt. So kann man heute auf dem Kolonnenweg, der westlich vom Kirchhainer Damm asphaltiert ist, ungehindert bis zur Paplitzer Straße am Bahndamm fahren, die vor dem Mauerstreifen endet. Von hier aus fährt man über das Kopfsteinpflaster der Petkusser Straße, quert die S-Bahngleise an der Wolziger Zeile und gelangt über die Hilbertstraße nach 1,5 km zum S-Bahnhof Lichtenrade.

S-Bahnhof Lichtenrade

Wer die nächste Etappe weiterfahren möchte, wechselt über die Wolziger Zeile und die Mozartstraße auf die Westseite der Bahntrasse.

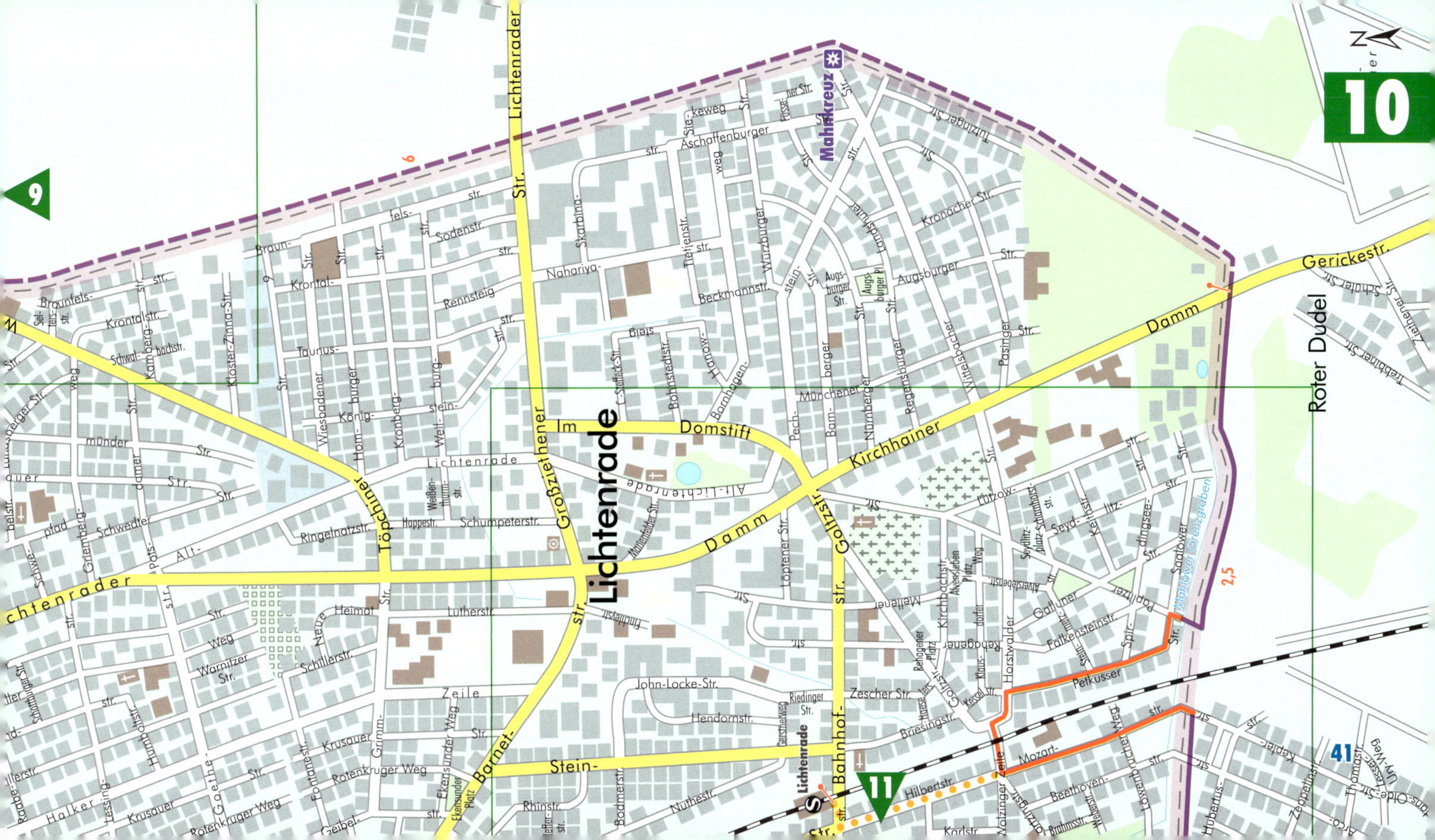
10
9
11
41
Lichtenrade
Mahlkreuz
Roter Dudel
Lichtenrader Str.
Großziethener Str.
Im Domstift
Kirchhainer Damm
Gerickestr.
Goltzstr.
Bahnhofstr.
Barnetstr.
Steinstr.
Töpchiner Str.
Alt-Lichtenrade
Lichtenrader Damm
Mahlower Grenzgraben
Aschaffenburger Str.
Augsburger Str.
Augsburger Pl.
Beckmannstr.
Naharivastr.
Rennsteig
Krontalstr.
Taunusstr.
Wiesbadener Str.
Homburger Str.
Königsteinstr.
Kronbergstr.
Weilburgstr.
Lutherstr.
Schillerstr.
Heimat
Ringelnatzstr.
Happestr.
Schumpeterstr.
Zeile
John-Locke-Str.
Riedinger Str.
Hendornstr.
Zescher Str.
Briesingstr.
Petkusser Str.
Mozartstr.
Beethovenstr.
Hilbertstr.
Karlstr.
Falkensteinstr.
Galluner Str.
Lützowstr.
Münchener Str.
Nürnberger Str.
Regensburger Str.
Bamberger Str.
Pechsteinstr.
Würzburger Str.
Tietjenstr.
Bornhagenweg
Hanowsteig
Bohnstedtstr.
Kronacher Str.
Tutzinger Str.
Wittelsbacher Str.
Pasinger Str.
Löptener Str.
Mellener Str.
Kirchbachstr.
Rehagener Str.
Rehagener Platz
Horstwalder Str.
Saatower Str.
Kepler Str.
Zeppelinstr.
Hubertusstr.
Thomasstr.
Wolzinger Zeile
Löwenbrucher Weg
Krusauer Str.
Rotenkruger Weg
Ekensunder Weg
Ekensunder Platz
Grimmstr.
Goethestr.
Lessingstr.
Halker Zeile
Humboldtstr.
Fontanestr.
Bodmerstr.
Nuthestr.
Rhinstr.
Geibelstr.
Warnitzer Str.
Schwedter Str.
Griembergweg
Schwelmer Str.
Kloster-Zinna-Str.
Soldenstr.
Braunfelsstr.
Kamberg-Str.
Schwalbachstr.
Münder Str.
Lichtenrade
Lichtenrade (S-Bahn)
2,5
6

Von Lichtenrade nach Lichterfelde Süd 12 km

S-Bahnhof Lichtenrade

Vom S-Bahnhof Lichtenrade aus radelt man westlich der Bahngleise knapp 1,5 km über die **Hilbert-** und **Mozartstraße** bis zur Stadtgrenze. Die S-Bahnstrecke – und später auch die Dresdener Fernbahn – trennen den Mauerstreifen.

Auf dem geteerten Kolonnenweg kreuzt man die **Beethovenstraße** und radelt durch die verträumte ländliche Naturlandschaft. Der Grenzstreifen ist anfangs schon wieder bewaldet. Mit Blick auf die drei Schornsteine vom **Kraftwerk Lichterfelde** fährt man am **Schichauweg** und an den ehemaligen Rieselfeldern vorbei. Helmut Kohl und Erich Honecker hatten im Januar 1989 dort noch einen riesigen Grenzkontrollpunkt zwischen der DDR und Berlin (West) vereinbart. Der Fall der Mauer kam für die Idylle der Marienfelder Feldmark gerade noch rechtzeitig.

Marienfelder Allee

Am Klärwerk vorbei kreuzt der Radweg die **Marienfelder Allee** (B 101) und nach einer Spitzkehre auch die **Osdorfer Straße**. Dort ist der Radweg als „Rad-Wanderweg Teltow" ausgeschildert. Nach einem weiteren Knick wird die ehemalige **„Geisterstadt"** passiert, in der amerikanische Truppen einst den bewaffneten Häuserkampf trainierten. Das Gelände war als Sperrgebiet ausgewiesen und für niemanden zugänglich.

„Kirschbaumallee"

Der Radweg mündet in eine **Kirschbaumallee**, die zwischen Mauerknick und Teltowkanal mit urigen Rastplätzen inklusive Holzbänken und Tischen ausgestattet ist und zum Picknick einlädt. Durch die Anhalter Bahn, deren Wiederaufbau unmittelbar bevorsteht, und die S-Bahnverlängerung nach Teltow Stadt (voraussichtlich 2004 fertiggestellt) wäre sie unterbrochen worden. Doch nachdem der „Berliner Mauer-Radweg" erschienen war und sich an den vom Verfasser durchgeführten sieben „Mauerstreifzügen" etwa 1.000 Menschen beteiligten, hat der Senat von Berlin im September 2001 beschlossen, die Unterquerung der Anhalter Bahn doch noch zu veranlassen. Das restituierte Grundstück im Mauerstreifen, das bebaut worden ist, stellt kein Hindernis dar, weil es umfahren werden kann.

Lichterfelde Süd – Osdorfer Straße, 1987

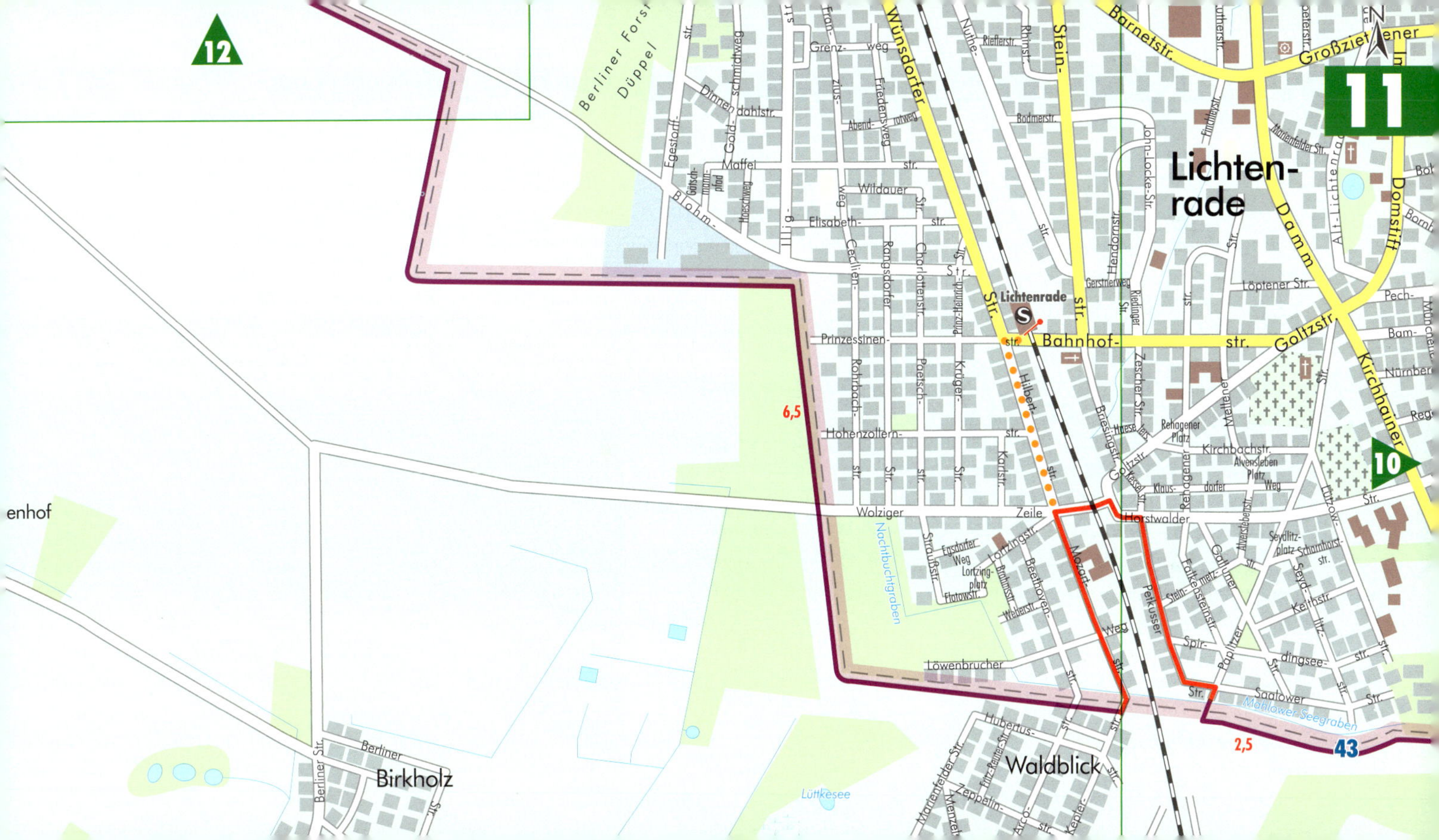

12
11
10
43
Lichtenrade
Waldblick
Birkholz
enhof
Berliner Forst Düppel
Lichtenrade
Wünsdorfer Str.
Stein-str.
Barnetstr.
Großziethener
Bahnhof-str.
Goltzstr.
Kirchhainer
Damm
Domstift
Prinzessinen-str.
Hohenzollern-str.
Wolziger Zeile
Horstwalder Str.
Löwenbrucher Weg
Hilbert-str.
Mozart-str.
Pelkusser Str.
Saalower Str.
Mahlower Seegraben
Nachtbuchtgraben
Lüttkesee
Blohm-str.
Elisabeth-str.
Wildauer Str.
Maffel str.
Löptener Str.
Rehagener Platz
Kirchbachstr.
Klaus-dorfer Weg
Alvensleben Platz
Seydlitz-platz
Scharnhorst-str.
Keithstr.
Beethoven-str.
Lortzingstr.
Lortzing-platz
Flotowstr.
Straußstr.
Egsdorfer Weg
Webersstr.
Brahmsstr.
Hubertus-str.
Zeppelin-
Kepler-str.
Marienfelder Str.
Fritz-Reuter-Str.
Berliner Str.
Berliner Str.
Rohrbach-str.
Poetsch-str.
Krüger-str.
Karlstr.
Cecilien-str.
Rangsdorfer Str.
Charlottenstr.
Prinz-Heinrich-Str.
Bodmerstr.
John-Locke-Str.
Hendornstr.
Briesingstr.
Zescher Str.
Mettener
Falkensteinstr.
Goltzstr.
Nuthe-str.
Rhinstr.
Riefferstr.
Grenz-weg
Friedensweg
Abend-rotweg
Egestorff-str.
Dinnendahlstr.
Goldschmidtweg
Hoeschweg
Illig-str.
6,5
2,5

Kirschbaumallee

Eine Hinweistafel an der Ecke Kantstraße/ Ahlener Weg informiert darüber, dass die 800 Kirschbäume 1995 von japanischen Bürgern und einer TV-Station „aus Freude über die Vereinigung Deutschlands" gestiftet wurden. Die Japaner feiern unter Zierkirschen ihr traditionelles Kirschblütenfest. Keine andere Pflanze spielt eine so bedeutende Rolle im Volksleben der Japaner wie die Kirsche. Sie wird als Nationalheiligtum betrachtet, in ihr erblickt man ein Symbol für ästhetische Schönheit und idealisiert mit ihr die Seele des japanischen Rittertums.

S-Bahnhof Lichterfelde Süd

Zum **S-Bahnhof Lichterfelde** Süd fährt man über den **Ahlener Weg** und **Westfalenring**. Die Aufzüge befinden sich am nördlichen Bahnsteigende.

Von Lichterfelde Süd nach Griebnitzsee 20 km

Vom **S-Bahnhof Lichterfelde Süd** fährt man über Westfalenring und Ahlener Weg zum Kolonnenweg im Grenzstreifen. Nach der Kantstraße/ Ahlener Weg – dort ist die Hinweistafel – quert man die **Lichterfelder Allee/Ostpreußendamm** und kommt zum **Teltowkanal**. Dort existiert auf der „westlichen" Seite seit Jahrzehnten ein attraktiver Rad- und Wanderweg, dem allerdings viele Jahre eine Brücke über den Stichkanal fehlte. Diese wurde Ende der 80er Jahre als schmaler Wandersteg angelegt, der für Fahrradfahrer wenig geeignet ist. Um so schöner ist es, dass heute auf der Brandenburger Seite der geteerte Kolonnenweg „BUGA-Weg 2001 Teltow Altstadt" bis zum Teltower Damm/Zehlendorfer Straße nutzbar ist.

Kirschbaumallee in Lichterfelde Süd, 2001

Zwischen Stichkanal und Knesebeckbrücke muss man einen kleinen Hügel überwinden. Hier befand sich früher die Fritz-Schweitzer-Brücke im Zuge der Wupperstraße, die – im Krieg zerstört – nicht wieder aufgebaut wurde. Die Widerlager zu beiden Seiten des Kanals sind noch vorhanden.

Knesebeckbrücke

Über die **Knesebeckbrücke** wechselt man

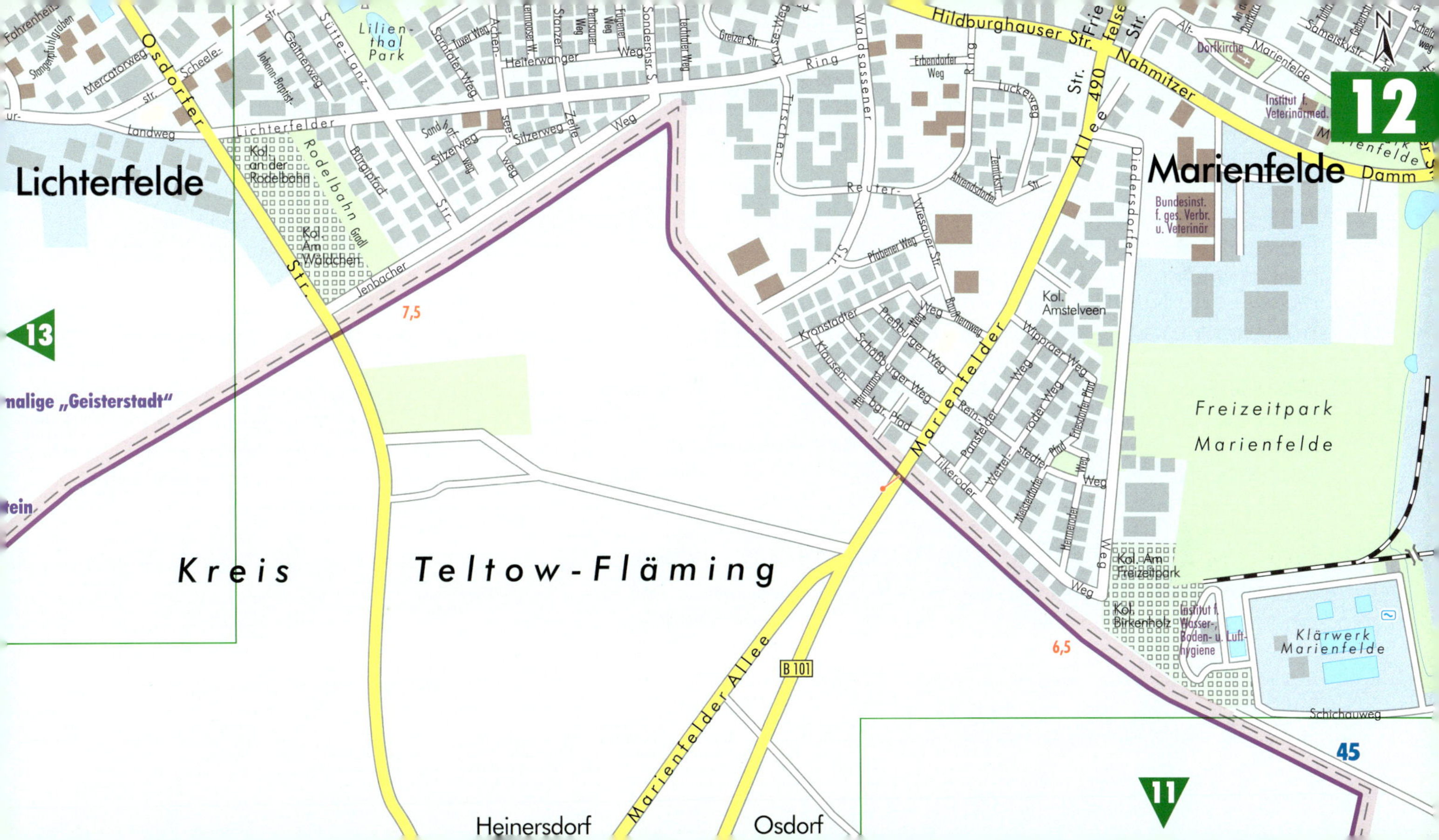

12
Lichterfelde
Marienfelde
Osdorfer Str.
Lichterfelder Ring
Landweg
Kol. an der Rodelbahn
Rodelbahn
Kol. Am Wäldchen
Jenbacher Weg
Lilienthal Park
Hildburghauser Str.
Nahmitzer Damm
Marienfelder Allee
B 101
Waldsassener Str.
Tirschen-Reuter-Str.
Diedersdorfer Weg
Kol. Amstelveen
Bundesinst. f. ges. Verbr. u. Veterinär
Institut f. Veterinärmed.
Dorfkirche
Freizeitpark Marienfelde
Kol. Am Freizeitpark
Kol. Birkenholz
Institut f. Wasser-, Boden- u. Lufthygiene
Klärwerk Marienfelde
Schichauweg
Kreis Teltow-Fläming
Heinersdorf
Osdorf
7,5
6,5
13
11
45
nalige „Geisterstadt"

wieder auf die nördliche Seite, wo die Wendeschleife für die Busse noch an die Mauerzeiten erinnert. Der links abbiegende Mauer-Radweg ist mit „Wanderweg Kleinmachnow" ausgeschildert.

Kurz vor dem Bauhafen nach der kleinen Steigung knickt der Zollweg nach Norden in die **Sachtlebenstraße** ab. Bei der nächsten Möglichkeit biegt man nach links in den asphaltierten Geh- und Radweg und an der folgenden Ecke wieder nach rechts ab. Am Flüsschen „Buschgraben" entlang fährt man über die Kreuzung **Zehlendorfer Damm/Machnower Straße** und von dort auf dem Kolonnenweg um den kleinen See herum in die **Neuruppiner Straße**, die parallel zum Grenzstreifen verläuft. Sie mündet in die Wendeschleife des Busses in der **Berlepschstraße**.

Berlepschstraße

Dort erinnert ein Holzkreuz an den 17-Jährigen Karl-Heinz Kube, der am 16.12.1966 kurz vor dem Weihnachtsfest „auf dem Weg in die Freiheit erschossen" wurde.

Nach Querung der Benschallee/Karl-Marx-Straße hält man sich etwas links und fährt im Grenzstreifen auf dem befestigten Feldweg weiter geradeaus.

Stammbahn

Der Mauerstreifen verläuft nun auf dem Gelände der ehemaligen **Stammbahn**, *der ersten Eisenbahn in Preußen, die 1838 vom Potsdamer Personenbahnhof – am heutigen Potsdamer Platz – über Schöneberg, Steglitz, Zehlendorf und Neubabelsberg (heute Griebnitzsee) nach Potsdam fuhr. Sie wurde nach dem Krieg stillgelegt. Die S-Bahn fuhr noch bis 1980 über Zehlendorf Süd zum S-Bahnhof Düppel.*

Die Stammbahn soll wieder aufgebaut werden. Das notwendige Unterführungsbauwerk in den Nord-Süd-Eisenbahntunnel am Gleisdreieck ist für 50 Mio. DM bereits fertiggestellt worden. Sie soll 2007 in Betrieb gehen und wäre eine moderne Kopie der „Bankierszüge" aus der Vorkriegszeit, mit denen das gehobene Bürgertum aus den Villenkolonien zwischen Wannsee und Zehlendorf ohne weiteren Halt in 13 Minuten zum Potsdamer Platz fuhr.

Gegen die Stammbahn („Schluss mit der Privilegiertenbahn") und für die Stammbahn hat sich jeweils eine Bürgerinitiative gegründet. Die Befürworter wollen schnellstmöglich die Schienen-Anbindung durch den geplanten Bahnhof „Düppel-Kleinmachnow", die Gegner wohnen hauptsächlich entlang der Trasse. Viele von ihnen haben sich dort erst nach der Wende niedergelassen, als die Wiederinbetriebnahme der Stammbahn schon längst beschlossene Sache war.

Museumsdorf Düppel

Noch kann man auf der ehemaligen Stammbahn-Trasse bis zur Autobahn fahren.

Unterwegs wartet das „Museumsdorf Düppel" auf einen Besuch. In diesem Zentrum für experimentelle Archäologie wird auf einer Fläche von 16 Hektar ein ganzes Dorf mitsamt seiner Umwelt so rekonstruiert, wie es vor 800 Jahren tatsächlich existiert haben könnte. Ein Besuch ist lohnenswert.

Nach Inbetriebnahme der Stammbahn empfiehlt sich der parallel verlaufende **Königsweg** mit seiner 1997 erneuerten Brücke über die A 115, von der man einen Blick auf den ehemaligen westlichen **Kontrollpunkt Dreilinden** hat.

Kontrollpunkt Dreilinden

Das Kontrollgebäude, die Raststätte, die Tankstellen und die LKW-Abfertigungsrampen wurden unter Denkmalschutz gestellt.

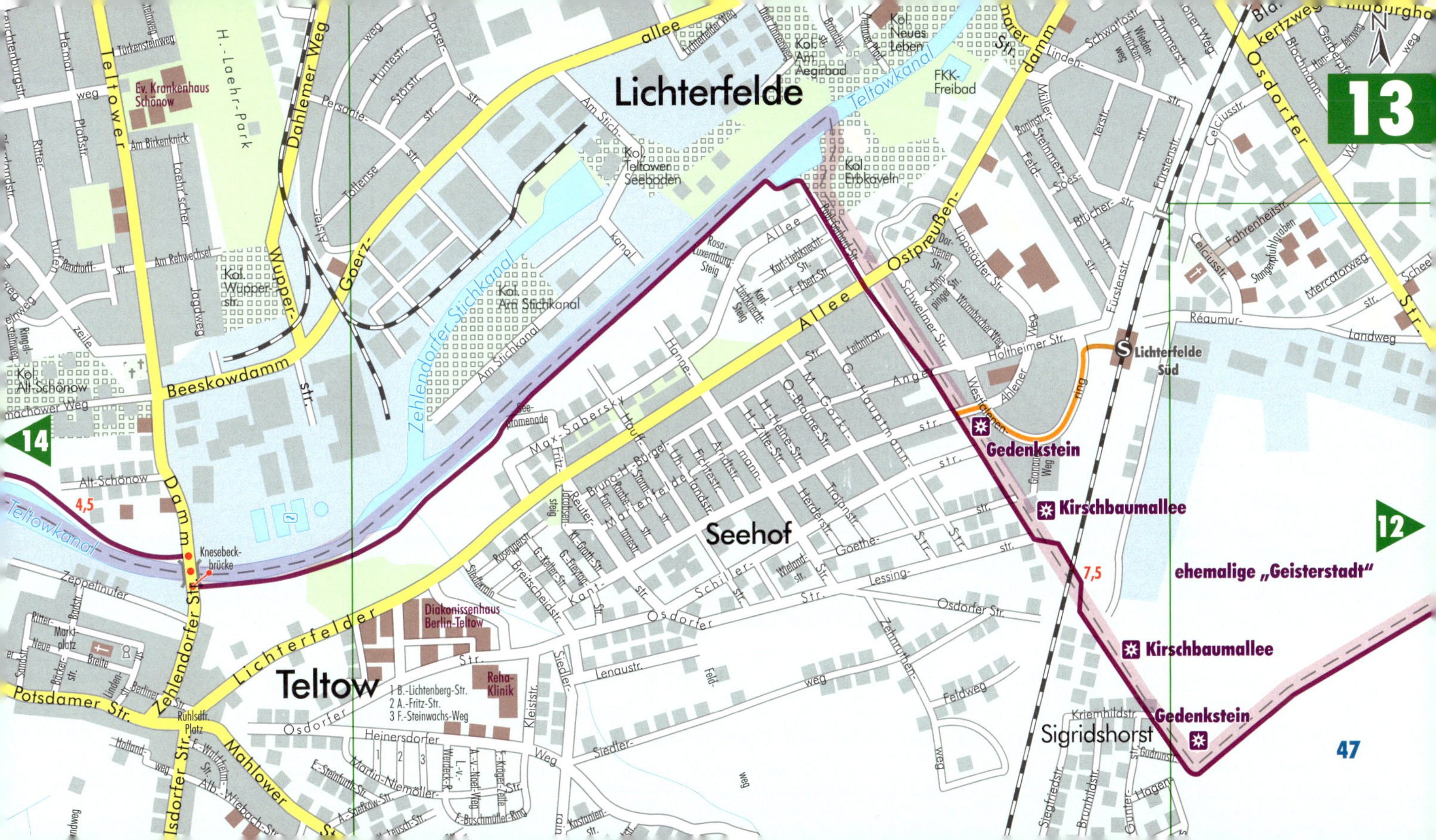
13
14
12
Lichterfelde
Seehof
Teltow
Sigridshorst
Teltowkanal
Zehlendorfer Stichkanal
Gedenkstein
Kirschbaumallee
Kirschbaumallee
Gedenkstein
ehemalige „Geisterstadt“
Lichterfelde Süd
Knesebeckbrücke
4,5
7,5
Ev. Krankenhaus Schönow
Diakonissenhaus Berlin-Teltow
Reha-Klinik
FKK-Freibad
Kol. Teltower Seeboden
Kol. Erbkaveln
Kol. Am Stichkanal
Kol. Wupperstr.
Kol. Alt-Schönow
Kol. Am Aegirbad
Kol. Neues Leben
H.-Laehr-Park
Ostpreußendamm
Lichterfelder Allee
Goerzallee
Teltower Damm
Zehlendorfer Str.
Potsdamer Str.
Mahlower Str.
Osdorfer Str.
Beeskowdamm
Dahlemer Weg
Wupperstr.
Alt-Schönow
Zeppelinufer
Osdorfer Str.
Schillerstr.
Goethestr.
Lessingstr.
Kantstr.
Holtheimer Str.
Réaumurstr.
Landweg
Fürstenstr.
Feldweg
Siedlerweg
Lenaustr.
Heinersdorfer Str.
Martin-Niemöller-Str.
1 B.-Lichtenberg-Str.
2 A.-Fritz-Str.
3 F.-Steinwachs-Weg
Rühlsdf. Platz
Marktplatz
Breite Str.
Neue Str.
Max-Sabersky-Allee
Seepromenade
Rosa-Luxemburg-Steig
Karl-Liebknecht-Str.
F.-Ebert-Str.
Westfalenring
Ahlener Weg
Osdorfer Str.
Kriemhildstr.
Siegfriedstr.
Brunhildstr.
Gunterstr.
Hagenstr.

Alte Autobahnbrücke über den Teltowkanal am Campingplatz in Albrechts Teerofen, 1986

Kontrollpunkt Drewitz

Mit einem kleinen Umweg gelangt man auch zur östlichen „Grenzübergangsstelle (GÜST) Drewitz", der viele West-Berliner an stundenlange Wartezeiten erinnert und an „Gänsefleisch". So klang die Aufforderung der DDR-Grenzer an die Autofahrer: „Können Sie vielleicht... (den Kofferraum öffnen)" in sächsischer Mundart. Dort befindet sich heute der Europarc Dreilinden.

Königswegbrücke

Man fährt über die „Königswegbrücke" weiter geradeaus.

Königsweg

Der **Königsweg** *von Berlin nach Potsdam war die erste „Kunststraße" Preußens. Mit ihrem Bau wurde nach dem Tod von Friedrich II. (1712-1786) begonnen. Für die Architekten und Ingenieure entstand als neue Bauaufgabe die Errichtung von Meilensteinen, Chaussee- und Torhäusern.*

Von Lichterfelde Süd bis zum Abzweig zum Bahnhof Wannsee hat man 10 km zurückgelegt.

Brücke Friedhofsbahn

Plötzlich taucht im Wald eine Brücke auf, die überhaupt keinen Sinn zu haben scheint. Es ist die Brücke über die ehemalige **„Friedhofsbahn"**, *eine S-Bahnstrecke, die seit 1908 eingleisig vom Bahnhof Wannsee über Dreilinden zum Stahnsdorfer Friedhof fuhr. Sie wurde 1928 elektrifiziert und mit dem Mauerbau 1961 stillgelegt. Ihre Wiederinbetriebnahme steht erst dann auf der Tagesordnung, wenn die S-Bahn von Lichterfelde Süd bis Teltow Stadt – hoffentlich 2004 – in Betrieb geht. Die Trasse für die Verlängerung von Teltow Stadt nach Stahnsdorf wird seit den 30er Jahren freigehalten.*

Das 210 Hektar große Gelände des Friedhofs war 1902 von der Kirchengemeinde Wilmersdorf angekauft und 1909 seiner Bestimmung übergeben worden. Auf ihm liegen bedeutende Persönlichkeiten wie Siemens, Ullstein, Langenscheidt und Zille begraben.

Nathanbrücke

Man quert den **Teltowkanal** über die **Nathanbrücke**, folgt dem **Königsweg** und biegt sofort links ein in die **Machnower Straße**. Von dort, hinter der 1926 erneuerten Stammbahnbrücke abzweigend, führt das Kremnitzufer nach **„Albrechts Teerofen"**.

Albrechts Teerofen

Hierbei handelt es sich um eine ungewöhnliche Enklave deren Name an den um 1750 errichteten Teerofen erinnert. Er gehörte

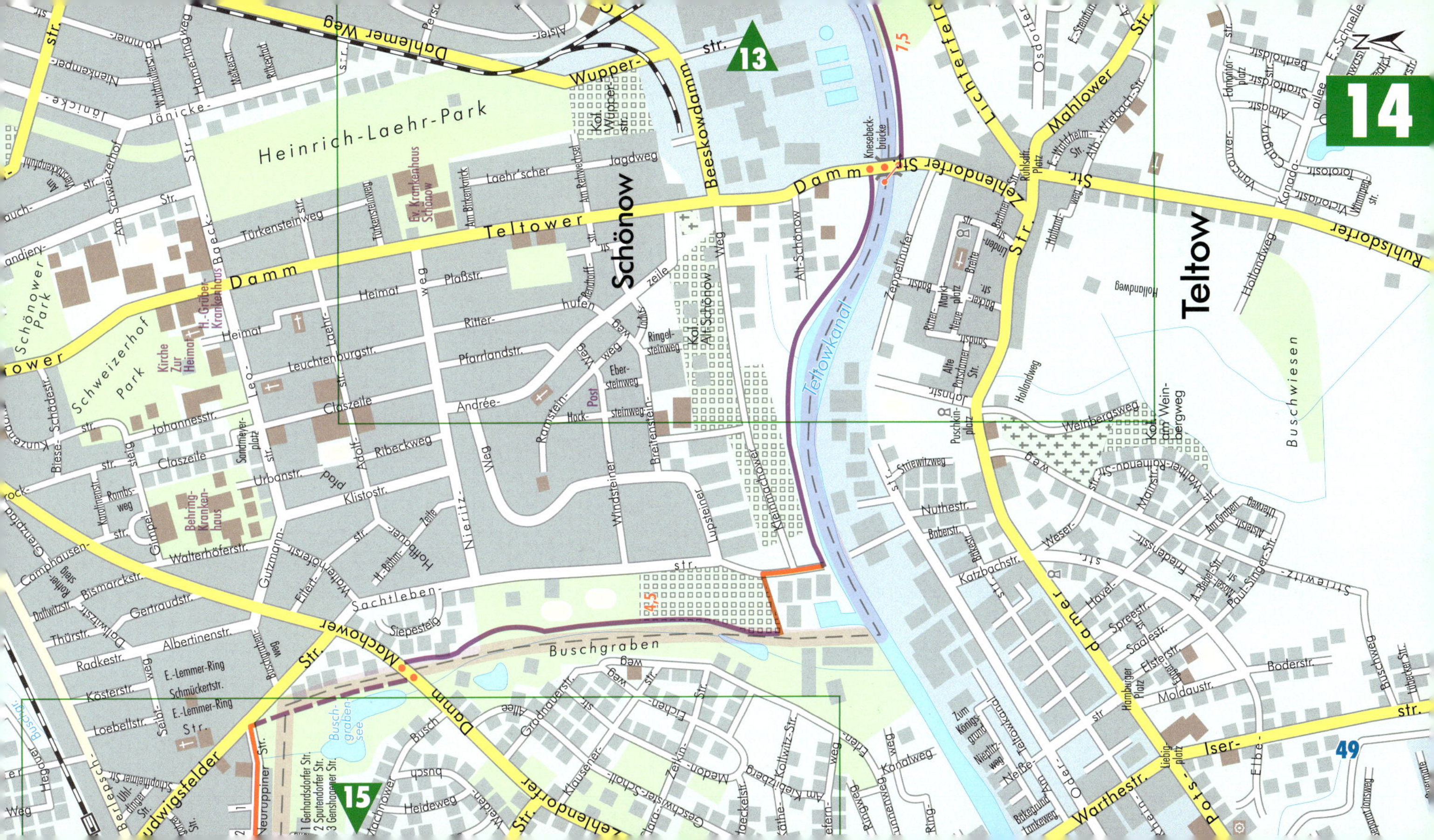
14
13
15
49
Heinrich-Laehr-Park
Schönow
Teltow
Teltowkanal
Buschwiesen
Buschgraben
Buschgrabensee
Schweizerhof Park
Schönower Park
Dahlemer Weg
Wupperstr.
Beeskowdamm
Teltower Damm
Zehlendorfer Damm
Machnower Str.
Ludwigsfelder Str.
Potsdamer Str.
Ruhlsdorfer Str.
Mahlower Str.
Lichterfelder
Iserstr.
Warthestr.
Sachtlebenstr.
Ev. Krankenhaus Schönow
H.-Grüber-Krankenhaus
Behring-Krankenhaus
Kirche Zur Heimat
Post
Knesebeckbrücke
Jänickestr.
Türkensteinweg
Laehr'scher Jagdweg
Heimat
Leuchtenburgstr.
Pfarrlandstr.
Ritterhufen
Plaßstr.
Andréezeile
Claszeile
Ribeckweg
Klistostr.
Walterhöferstr.
Gutzmannstr.
Bismarckstr.
Albertinenstr.
Radkestr.
Kösterstr.
Loebellstr.
Gertraudstr.
Thürstr.
Johannesstr.
Urbanstr.
Zeppelinufer
Alt-Schönow
Lupsteiner Weg
Kleinmachnower Weg
Windsteiner Weg
Nieritzweg
Striewitzweg
Nuthestr.
Boberstr.
Katzbachstr.
Weinbergsweg
Hollandweg
Havelstr.
Spreestr.
Saalestr.
Elsterstr.
Moldaustr.
Boderstr.
Hamburger Platz
Liebigplatz
Puschkinplatz
Ruhlsdorfer Platz
Heideweg
Neuruppiner Str.
Kanalweg
Buschweg
Vancouver-Str.
Victoriastr.
Torontostr.
Winnipeg-Str.
Almostr.
Stratfordstr.
Berthold-Str.
Friedensstr.
Paul-Singer-Str.
Gradnauerstr.
Klausener-

Kohlhasenbrück/Albrechts Teerofen, 1986

der hier ab dem 15./16. Jahrhundert ansässigen Familie Albrecht. Seit 1783 besteht der Ofen nicht mehr. Hinweistafeln erklären das frühere Handwerk.

Am 1. Juli 1988 war an dieser Stelle die Grenze zum DDR-Bezirk Potsdam begradigt und der Wald am Kremnitzufer dem Bezirk Zehlendorf zugeschlagen worden.

Dreilinden

Im Restaurant ***„Dreilinden"****, neben dem Campingplatz, kann man einkehren. Das war die Autobahnraststätte bis zum Jahr 1969, als die Autobahn verlegt und eine Übergangsstelle mit 32 Spuren in Betrieb genommen wurde. Die neue Trasse hatte für die DDR den Vorteil, dass sie nach Verlassen des Stadtgebietes nur noch auf DDR-Gebiet lag.Die alte Trasse der A 115, die West-Berlin in Albrechts-Teerofen noch einmal berührte, fiel in einen Dornröschenschlaf, aus dem sie erst 1997 wieder erwachte, als sie nach Abbau des Fahrbahnbetons aufgeforstet wurde. Kurz zuvor hatte eine Filmproduktion den entlegenen Autobahnabschnitt, der mit seinen schmalen Fahrbahnen ohne Standstreifen noch das originale Design der dreißiger Jahre hatte, für Filmaufnahmen entdeckt. In wenigen Jahren wird die Natur auch davon die letzten Spuren beseitigt haben.*

Machnower Straße

Hinter der Raststätte fährt man wieder zurück zur **Machnower Straße**, unterquert erneut die Stammbahnbrücke, fährt über **Kohlhasenbrück** unter den Gleisen der S- und Fernbahn (Berlin-Magdeburger Bahn) hindurch und biegt links in die Neue Kreisstraße ein.

Kohlhasenbrück

In **Kohlhasenbrück** *lebte Michael Kohlhaas, den Heinrich von Kleist mit der gleichnamigen Novelle berühmt gemacht hat. Das Grab des Dichters, der sich in Wannsee 1811 gemeinsam mit seiner Freundin Henriette Vogel erschoss, befindet sich am südöstlichen Rand vom Kleinen Wannsee. Auf dem waldigen Grundstück in der Bismarckstraße 3 weist ein Schild auf seine Grabstätte hin, ohne jedoch Henriette Vogel zu erwähnen.*

Steinstücken

Wer eine Rast machen möchte, kann das nicht mehr in Steinstücken tun. **Steinstücken** *lag als West-Berliner Exklave inmitten der DDR ohne direkten Zugang nach West-Berlin. Anfangs mussten die dort wohnenden Menschen immer durch eine Kontrolle der DDR-Posten und konnten nur unter dem Schutz der Amerikaner West-Berliner Stadtgebiet erreichen. Der erste Gebietsaustausch im Dezember 1971 befreite Steinstücken durch den Bau einer Zugangsstraße aus seiner „Insellage" und verband es mit dem „Festland". Danach war es im Sommer ein be-*

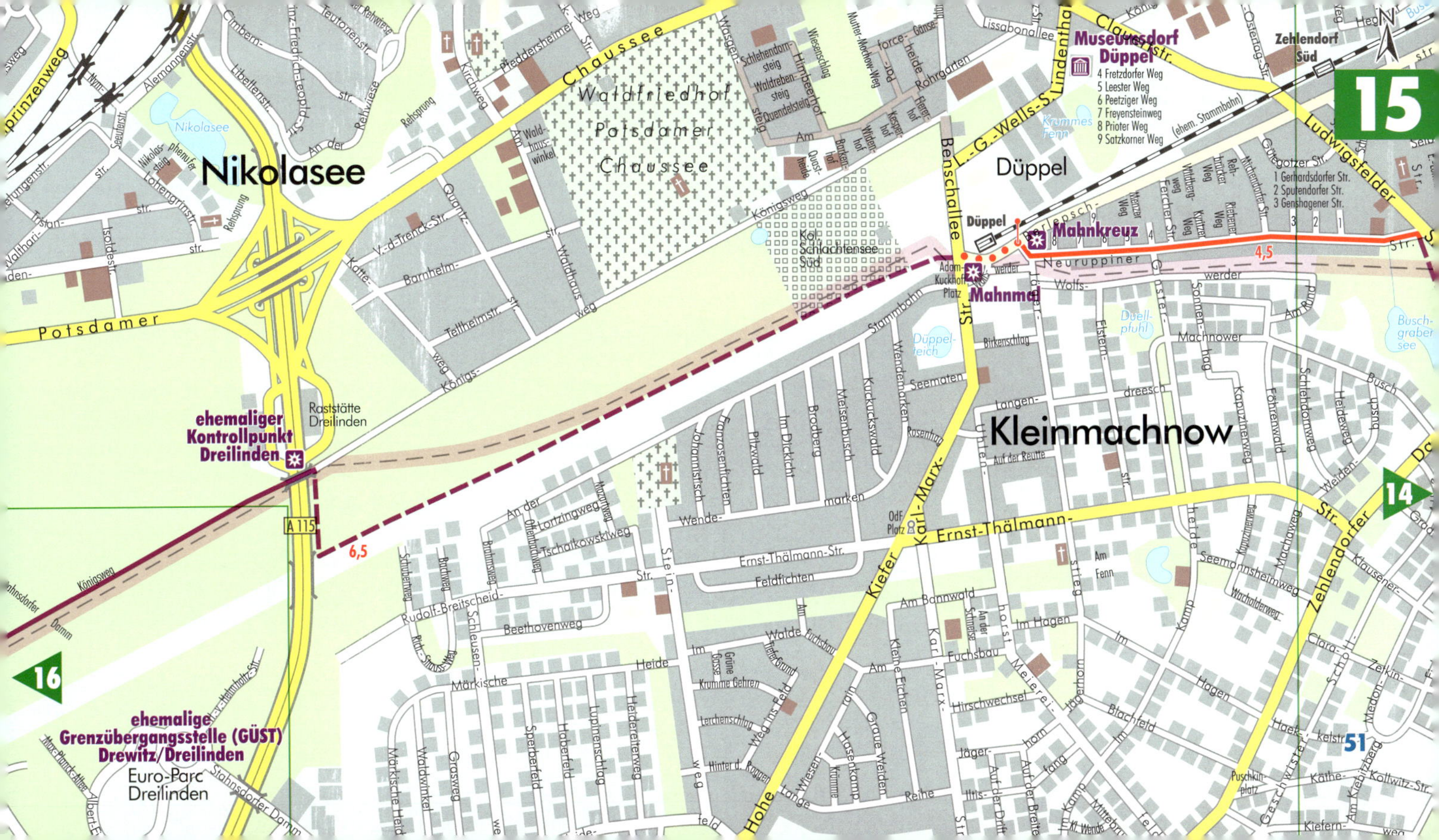
15
14
16
Nikolasee
Kleinmachnow
Düppel
Museumsdorf Düppel
4 Fretzdorfer Weg
5 Leester Weg
6 Peetziger Weg
7 Freyensteinweg
8 Prioter Weg
9 Satzkorner Weg
1 Gerhardsdorfer Str.
2 Sputendorfer Str.
3 Genshagener Str.
Mahnkreuz
Mahnmal
Adam-Kuckhoff-Platz
ehemaliger Kontrollpunkt Dreilinden
Raststätte Dreilinden
ehemalige Grenzübergangsstelle (GÜST) Drewitz/Dreilinden
Euro-Parc Dreilinden
Waldfriedhof Potsdamer Chaussee
Kol. Schlachtensee Süd
Zehlendorf Süd
Potsdamer Chaussee
Königsweg
Benschallee
Karl-Marx-Str.
Ernst-Thälmann-Str.
Zehlendorfer Damm
Ludwigsfelder Str.
Clauertstr.
Neuruppiner Str.
Wolfswerder
Stahnsdorfer Damm
Rudolf-Breitscheid-Str.
Hohe Kiefer
Nikolasee
Krummes Fenn
Düppelteich
Duellpfuhl
Buschgrabensee
A 115
6,5
4,5
51

Die alte Autobahn-Raststätte Dreilinden am heutigen Campingplatz, 1989

liebtes Ausflugsziel, wo es im „Taubenschlag" Kaffee und Kuchen gab. Der Fall der Mauer hat leider auch den „Taubenschlag" zu Fall gebracht. Heute gibt es in Steinstücken kein Restaurant mehr.

Über die Neue Kreisstraße und die **Rudolf-Breitscheid-Straße** fährt man zum **S- und R-Bahnhof Griebnitzsee**. Bis 1990 war hier der ehemalige „Kontrollbahnhof Griebnitzsee" für die Transitreisenden mit der „Deutschen Reichsbahn"Ein- und Aussteigen war verboten, „Republikflucht" sollte u.a. durch unter jedem Zug herlaufende Hunde verhindert werden.

Bahnhof Griebnitzsee

Der Bahnhof Griebnitzsee wurde 1874 als Neu-Babelsberg eröffnet und 1928 wegen der nahen Ufa-Filmstudios in „Babelsberg-Ufastadt" umbenannt. 1949 erhielt er seinen heutigen Namen. Kurz nach dem Mauerbau wurde der S-Bahnverkehr eingestellt und im April 1992 erst wieder aufgenommen.

Das erste Empfangsgebäude war der Deutsche Pavillon der Wiener Weltausstellung von 1873. Mit dem zunehmenden S-Bahnverkehr ab 1928 wurde der Bahnhof wichtiger. Das von Richard Brademann fertiggestellte Empfangsgebäude aus roten Klinkern wurde 1932 fertig und steht bis heute nahezu unverändert.

Der Bahnhof spielte zu Mauerzeiten eine unrühmliche Rolle als Kontrollstation für den Interzonen-, den späteren Grenzverkehr. Lange und hohe Betonmauern machten ihn uneinsehbar, Ein- und Aussteigen war verboten. Auf DDR-Landkarten wurde er getilgt.

Nach der Wende wurde der S-Bahnsteig modernisiert, mit neuen „Gewächshaus"-Überdachungen. Inzwischen hat der Bahnhof auch einen Südzugang (mit Aufzug) für die Einwohner von Steinstücken und für einen der drei Standorte der Universität Potsdam. Hier wird vorwiegend Jura, Soziologie und Politische Wissenschaften gelehrt. Der Universität angeschlossen ist das „Studentendorf Stein-stücken" und ein neugegründetes „Institut von Hasso Plattner", in dem die Software für Computer erforscht wird.

Im Bahnhofsgebäude befindet sich heute auch eine Servicestation mit ausgiebiger Beratung in Sachen Mobilität. Zudem gibt es einen Fahrradverleih mit kostenlosen Tourenempfehlungen. Auf der anderen Seite der Halle hat in den Nachmittag- und Abendstunden „das lokal" geöffnet.

Auf der östlichen Seite befindet sich in dem von Richard Brademann entworfenen ehemaligen Gleichrichterwerk für die Bahnstromversorgung seit 1998 das S-Bahn-Museum mit vielen Original-Exponaten.

Die Ufa, die „Universum-Film-AG", wurde 1917 gegründet. Ihre Filmstudios avancierten zum Zentrum des deutschen Films der zwanziger und dreißiger Jahre. Ab 1933 wurde die Ufa als Staatsmonopol das Hätschelkind von „Reichspropaganda-Minister" Joseph Goebbels. Zu dieser Zeit entstand auch der Mythos von den Babelsberger Beverly Hills, dem havelländischen Hollywood. Viele der jüdischen

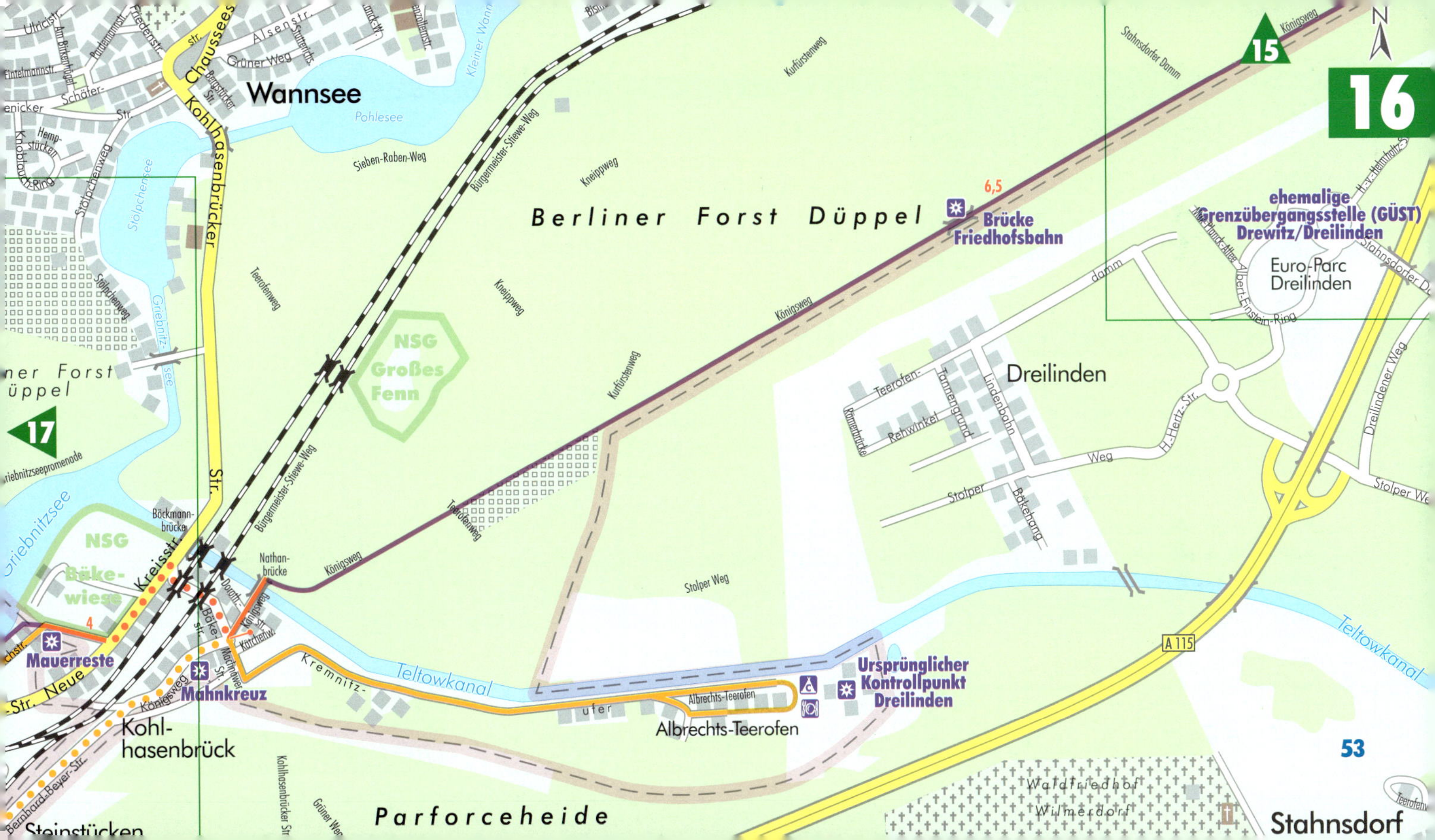

16
15
17
Wannsee
Pohlesee
Kleiner Wannsee
Stölpchensee
Griebnitzsee
Griebnitzsee
Berliner Forst Düppel
NSG Großes Fenn
NSG Bäkewiese
Brücke Friedhofsbahn
6,5
ehemalige Grenzübergangsstelle (GÜST) Drewitz/Dreilinden
Euro-Parc Dreilinden
Dreilinden
Mauerreste
4
Mahnkreuz
Ursprünglicher Kontrollpunkt Dreilinden
Albrechts-Teerofen
Kohlhasenbrück
Steinstücken
Parforceheide
Waldfriedhof Wilmersdorf
Stahnsdorf
Teltowkanal
A 115
Kohlhasenbrücker Str.
Chausseestr.
Königsweg
Kurfürstenweg
Kneippweg
Teerofenweg
Sieben-Raben-Weg
Bürgermeister-Stiewe-Weg
Stolper Weg
Stahnsdorfer Damm
Kremnitzufer
Albrechts-Teerofen
Böckmannbrücke
Nathanbrücke
Kreisstr.
Neue Kreisstr.
Bäkestr.
Dorotheenstr.
Kirchweg
Machnower Str.
Bernhard-Beyer-Str.
Grüner Weg
Alsenstr.
Stölpchenweg
Griebnitzseepromenade
Lindenbahn
Tannengrund
Rehwinkel
Bäkehang
Römerbrücke
H.-Hertz-Str.
Albert-Einstein-Ring
Max-Planck-Allee
H.-v.-Helmholtz-Str.
Dreilindener Weg

Kolonnenweg und Mauerreste am Griebnitzsee, 2002

Bewohner der Ufa-Villen wurden vertrieben und zur Flucht gezwungen. Die neuen Bewohner residierten nicht mehr an der Kaiserstraße sondern an einer „Straße der S.A." Bis in die letzten Kriegstage surrten die Kameras für etwa 300 Filme, die Goebbels in Auftrag gab.

Nach dem DDR-Gastspiel der DEFA befindet sich heute in diesen Gebäuden der „Ostdeutsche Rundfunk Brandenburg (ORB) und der „Filmpark Babelsberg" mit seinen zahlreichen Attraktionen. Der Blick hinter die Kulissen, Stuntshows, Actionkino, Leinwandhelden zum Anfassen – gerade für junge Leute ist das ein besonderes Erlebnis.

Von Griebnitzsee nach Wannsee 15 km

Vom Bahnhof Griebnitzsee fährt man nach rechts in die Neue Kreisstraße, biegt links in die **Stubenrauchstraße** ein und gelangt zum südlichen Ufer vom **Griebnitzsee**. Dort ist ein bunt bemaltes Originalstück der Hinterland-Mauer noch erhalten.

Die Route am Griebnitzsee entlang führt auf saniertem Kolonnenweg an Villen und tuckernden Motorbooten vorbei. Leider tickt dort auch eine ökologische Zeitbombe, weil aus der ehemaligen **Müllkippe Wannsee** auf dem nördlichen Seeufer ein gefährlicher Giftcocktail ins Grundwasser und in den Griebnitzsee sickert.

Die Villen schreiben deutsche Geschichte. In den zwanziger und dreißiger Jahren wohnten hier prominente Künstlerinnen und Schauspieler, die wegen ihrer jüdischen Herkunft emigrieren mussten. Das eher bescheidene Haus in der Domstrasse 28 gehörte z.B. dem Ufa-Regisseur Alfred Zeissler, der emigrieren musste. Neue Besit-

Enklave Klein-Glienicke, 1990

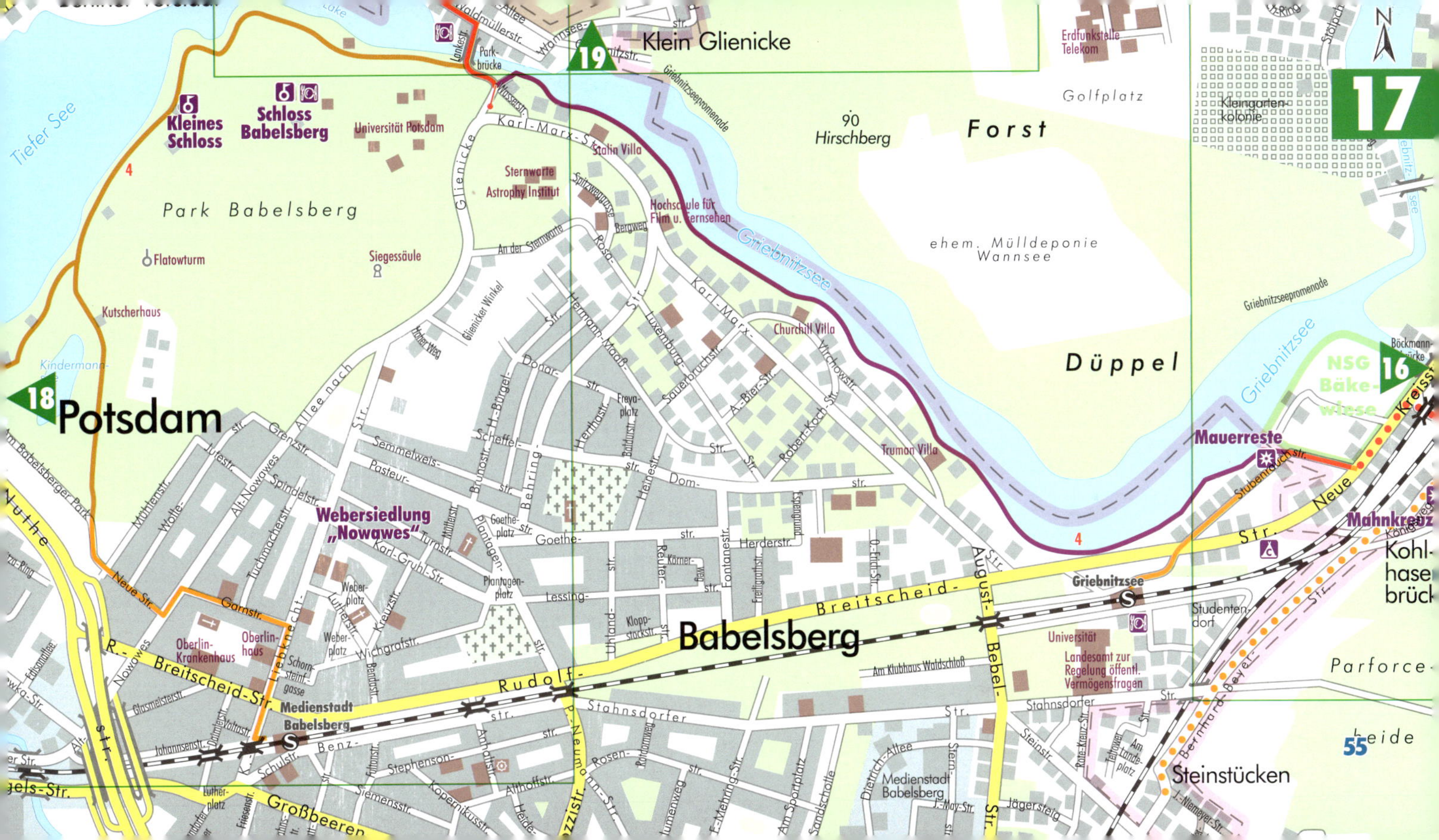
17
16
18
19
Klein Glienicke
Potsdam
Babelsberg
Park Babelsberg
Kleines Schloss
Schloss Babelsberg
Universität Potsdam
Flatowturm
Siegessäule
Kutscherhaus
Tiefer See
Kindermann-see
Sternwarte
Astrophy. Institut
Stalin Villa
Hochschule für Film u. Fernsehen
Churchill Villa
Truman Villa
Griebnitzsee
Griebnitzseepromenade
Mauerreste
Mahnkreuz
Forst
Düppel
90
Hirschberg
ehem. Mülldeponie Wannsee
Golfplatz
Erdfunkstelle Telekom
Kleingarten-kolonie
NSG Bäke-wiese
Böckmann-brücke
Kohl-hasen-brück
Parforce-heide
Steinstücken
Studenten-dorf
Universität
Landesamt zur Regelung öffentl. Vermögensfragen
Griebnitzsee
Medienstadt Babelsberg
Webersiedlung „Nowawes"
Oberlin-Krankenhaus
Oberlin-haus
Weber-platz
Goethe-platz
Plantagen-platz
Freya-platz
Luther-platz
Park-brücke
Karl-Marx-Str.
Breitscheid-Str.
Rudolf-Breitscheid-Str.
August-Bebel-Str.
Stahnsdorfer Str.
Neue Str.
Großbeeren-Str.
Allee nach Glienicke
Nuthe-Str.
Am Klubhaus Waldschloß
Dietrich-Allee
J.-May-Str.
Jägersteig
Steinstr.
Bernhard-Beyer-Str.
Stubenrauchstr.
Rosa-Luxemburg-Str.
Hermann-Maaß-Str.
Virchowstr.
Robert-Koch-Str.
Domstr.
Goethestr.
Lessingstr.
Herderstr.
Semmelweisstr.
Pasteurstr.
Scheffelstr.
Behringstr.
Donarstr.
Karl-Gruhl-Str.
Wichgrafstr.
Benzstr.
Schulstr.
Stephensonstr.
Siemensstr.
Kopernikusstr.
Rosenstr.
Althoffstr.
Wasserstr.
Lankestr.
Waldmüllerstr.
Bergweg
An der Sternwarte
Glienicker Winkel
Grenzstr.
Spindelstr.
Tuchmacherstr.
Garnstr.
Johannsenstr.
Glasmeisterstr.
Uhlandstr.
Fontanestr.
Freiligrathstr.
Am Sportplatz
Sandscholle
Am Babelsberger Park
4
55

zerin wurde der Tanz-Star Marika Rökk.

Hier wohnten aber auch für die Zeit der Potsdamer Konferenz im Sommer 1945 die Staatsmänner der Anti-Hitler-Koalition. Das „Little White House" in der Karl-Marx-Strasse 2 bewohnte der amerikanische Präsident Harry S. Truman. In der von Mies van der Rohe während des 1. Weltkriegs erbauten Villa in der Virchowstraße 23 residierten die britischen Premiers Winston Churchill und Clement R. Attlee. Im von Alfred Grenander gebauten Haus in der Karl-Marx-Strasse 27 hatte Josef Stalin sein Domizil.

Glienicker Brücke

Am westlichen Ende des Griebnitzsees, kurz vor der legendären **Glienicker Brücke** und nach Überquerung der Parkbrücke, lädt auf der nördlichen Uferseite ein großer Biergarten zu Rast und Erfrischung ein.

Der hier aufsteigende Böttcherberg war an drei Seiten von der Mauer umgeben. Auf dessen Höhe steht die aufwändig restaurierte Loggia Alexandra, die der Preußenprinz Carl 1870 in den Laubwald als halbrunden Teepavillon zum Gedächtnis an seine verstorbene Lieblingsschwester Charlotte, die verehelichte Zarin Alexandra Feodorowna, hatte bauen lassen. Von hier hat man einen wunderschönen Blick über die kleine Tal-Lichtung und über Wipfel beim Jagdschloss Glienicke. Linker Hand grüßt der Turm von Schloss Babelsberg herüber.

Glienicker Brücke, 2001

Das Jagdschloss Glienicke hatte 1827 der „Königlich Preußische Schulrat" Wilhelm Carl Christian von Türk gekauft und darin die erste „Civilwaisenanstalt" der Region eröffnet. Als „Pestalozzi von Brandenburg" gelangte er bis zu seinem Tod 1846 zu einiger Berühmtheit. Seine Grabstätte ist die älteste noch erhaltene auf dem Alten Friedhof, den Friedrich der Große 1781 den Kolonisten von Klein-Glienicke als Beisetzungsstätte für ihre Angehörigen vermacht hatte. Nach 1961 wurden dort nur noch wenige beerdigt, die Besucher des Friedhofs benötigten eine Sondergenehmigung. Anfang der 70er Jahre fiel der Gottesacker endgültig in tiefen Schlaf. „Geh Wanderer, leise über meines Grabes Flur, ich schlafe nur", steht auf einem der wenigen noch erhaltenen Grabsteine. Wo die Grenzsoldaten Streife liefen, mussten für den Bau der Mauer die Kindergräber weichen. 30 Jahre lang führte Klein-Glienicke ein Dasein als sozialistische Enklave,

Potsdam
Berliner Vorstadt
Babelsberg Nord
Park Babelsberg
Neuer Garten
Heiliger See
Tiefer See
Havel
Nuthe
Kindermann-see
Glienicker Lake
Jagdschloss Glienicke
Kleines Schloss
Schloss Babelsberg
Universität Potsdam
Sternwarte
Astrophy. Institut
Flatowturm
Siegessäule
Kutscherhaus
Böttcherberg
65
19
18
17
57
Orangerie
Weißes Haus
Holl. Etablissement
Portierhaus
Braunes Haus
Treffpunkt Freizeit
Bundesarchiv
Klinik Sanssouci
Stadtverwaltung
Landratsamt
Amtsgericht
Nauener Tor
Jägertor
Palais Lichtenau
DRK-Klinikum
Bassinplatz
St.-Peter-u.-Paul-Kirche
Franz. Kirche
E.-v.-Berbm. Gesundheitszentrum
Platz der Einheit
Ärztehaus
Bibl.
FHS
Nikolaikirche
Altes Rathaus
H.-Otto-Theater
Filmmus.
Freundschaftsinsel
Min. f. Stadtentw., Wohnen u. Verkehr
Potsdam-Center
Potsdam Hauptbahnhof
Neustädter Havelbucht
Untere Planitz
Obere Planitz
Brandenburger Tor
Luisenplatz
St.-Joseph-Krankenhaus
Friedenskirche
Webersiedlung „Nowawes“
Oberlin-Krankenhaus
Oberlinhaus
Medienstadt Babelsberg
Weberplatz
Goetheplatz
Plantagenplatz
Vorstadt
Alleestr.
Hegelallee
Kurfürstenallee
Jägerallee
Am Schragen
Berliner Str.
Nuthestr.
Behlertstr.
Am Neuen Garten
Friedrich-Ebert-Str.
Charlottenstr.
Gutenbergstr.
Brandenburger Str.
Breite Str.
Am Kanal
Lange Brücke
Babelsberger Str.
Humboldtring
Humboldtstr.
Am Babelsberger Park
Neue Str.
Garnstr.
R.-Breitscheid-Str.
Karl-Marx-Str.
Allee nach Glienicke
Glienicker Winkel
Grenzstr.
Alt-Nowawes
Lotte-Pulewka-Str.
Babelsberger Str.
Karl-Gruhl-Str.
Liebknechtstr.
Schopenhauerstr.
Yorckstr.
Hebbelstr.
Schiffbauergasse
Mangerstr.
Holzmarktstr.
Türkstr.
Havelstr.
Wiesenstr.
Wasserstr.
An der Sternwarte
Semmelweisstr.
Pasteurstr.
Spindelstr.
Mühlenstr.
Turnstr.
Lessingstr.
Goethestr.
Benzstr.
Glasmeisterstr.
Johannsenstr.
Schornsteinfegergasse
Wichgrafstr.
Kreuzstr.

die mit der DDR nur durch die schmale Parkbrücke verbunden war. An der Brücke stand ein Posten, rings um das Dörfchen stand die Mauer.

Wer seine Route beenden oder die Umgebung genießen will, der fährt wieder zurück über die „Parkbrücke" und biegt rechts ein in den Schlosspark Babelsberg.

Schlosspark Babelsberg

Dort kann ein Landschaftspark mit historisierenden Bauten bewundert werden, den König Wilhelm I. von Preußen in der Mitte des 19. Jahrhunderts angelegen ließ. Die Uferzonen dieser Kulturlandschaft, die zusammen mit der Stadt Potsdam zum Weltkulturerbe erklärt wurden, sind durch den Ausbau der Havel zur Wasserstraße für Großmotorschiffe stark gefährdet.

Durch den Park, in dem Café und Schloss zum Verweilen einladen, sind es bis zum **Potsdamer Hauptbahnhof** etwa vier Kilometer. Man kann aber auch den Weg zum **S-Bahnhof Babelsberg** – von 1862 bis 1939 hieß er Nowawes – nehmen und dabei die Häuser der alten **Webersiedlung „Nowawes"** besichtigen, die im 18. Jahrhundert von böhmischen Religionsflüchtlingen gegründet wurde.

Wer noch ein wenig radeln möchte, fährt zur **Glienicker Brücke**, vor der man rechts in den Glienicker Park einbiegt. Von dort gibt es am Havelufer entlang, vorbei an den Restaurants in der Bucht Moorlake, an der Pfaueninsel und am Heckeshorn einen wunderschönen 10 km langen Weg zum S-Bahnhof Wannsee.

Hottengrund
Blücher Kaserne
Kladow
Sakrower Landstr.
2,5
Luisenberg
78
Heide Königswald
Sacrower See
Fuchsberge
Kladower-Str.
3
Weinberg
Sacrow
Am Hämphorn
Weinmeisterweg
Kladower-
Krampnitzer Str.
Fährstr.
Schloss
Sacrower Heilandskirche
Havel
Meedehorn
Pfaueninsel
Schloss
20
Kastellan
Pfaueninsel
Pfaueninselchau
Appelhorn
Kirche St.-Peter und Paul
Nikolskoe
Nikolskoer Weg
Feuerwehrweg
10
Moorlake
Moorlakeweg
Jägerhof
Kanonenberg
Moorlake-weg
Hänsel-Gretel-steig
Dachs-
96
Stolper Berge
Jungfernsee
Berliner Forst
Volkspark Klein Glienicke
Erdbegräbnis
Wildgehege
Schneewittchen-weg
Finkenberg
Nikolskoer Weg
Königstr.
Schloss Klein Glienicke
Glienicker Brücke
Loggia Alexandra
Roedenbecksteig
66
Böttcherberg
Jagdschloss Glienicke
59
Glienicker Lake
Mövenstr.
Louis-Nathan-Allee
Waldmüllerstr.
Park-
Wannsee-
Griebnitzstr.
Am Böttcherberg
Tannenstr.
Am Waldrand
Klein Glienicke
Düppel
18
17
21
19
Schloss 4
N

Von Wannsee nach Staaken 17 km

Glienicker Brücke

Von der Glienicker Brücke bis nach Kladow verlief die Grenze inmitten der Havel westlich der Pfaueninsel. Um zu verhindern, dass ihre Bürger den Fluss zur Flucht nutzen konnten, baute die DDR entlang der Havel auf ihrer Seite die üblichen Grenzanlagen. Aus dem nur einen Kilometer von der Glienicker Brücke entfernten Saal im Schloss Cäcilienhof, in dem Truman, Churchill und Stalin 1945 das **Potsdamer Abkommen** *unterzeichneten, blickte man auf diese Mauer. Den See und die Havel sah man erst nach der Wende wieder.*

Sacrower Heilandskirche, 1990

Der Kolonnenweg entlang der **Potsdamer Seenlandschaft** ist leider nicht durchgängig zu befahren. Die Route um Jungfernsee, Krampitzsee und Lehnitzsee zur Sarcower Heilandskirche führt hauptsächlich – noch – entlang der stark befahrenen Bundesstraße (B 2). Deshalb fährt man am besten auf der Berliner Seite am Havelufer entlang zum S-Bahnhof Wannsee.

S-Bahnhof Wannsee

Die heutige achteckige Empfangshalle im expressionistischen Stil mit den langen Lichtschlitzen im Dachaufbau ist eines der bekanntesten Werke von Richard Brademann. Markant sind auch die eigentümlichen spitzen Tor- und Fensterausschnitte des rotbraunen Gebäudekomplexes am Kronprinzessinnenweg. Das im Krieg unbeschadete Gebäude wurde 1987 gründlich renoviert, Fahrtreppen und Aufzüge wurden eingebaut. Im November 1993 wurde das bemerkenswerte Bauensemble des Bahnhofs Wannsee unter Denkmalschutz gestellt.

Mit dem Namen Wannsee verbindet sich nicht nur das größte Binnen-Strandbad Europas, das im Lied mit der Badehose und dem kleinen Schwesterlein populär wurde. Mit diesem Namen verbindet sich leider auch die „Wannsee-Konferenz“ auf der am 20. Januar 1942 die als „Endlösung“ bezeichnete Vernich-

Gr. Tiefhorn
Kl. Tiefhorn
Meierei
Erdzunge
21
20
19
Havel
Parschenkessel
Luisentempel
Kavalierhaus
Pfaueninsel
Jagdschirm
Maschinenhaus
Strandbad Wannsee
Uferpromenade
Wassernixen-
Rotkäppchen-
weg
Städtische Klinik für Lungenkranke Heckeshorn
Am Großen
Gedenkstätte Haus der Wannsee-Konferenz
Großer
Wannsee
Berliner
Forst
Düppel
10
Heu-
Brunnen-
Pfaueninselchaussee
Pfaueninsel-
chaussee
Zum Heckeshorn
Calandrellistr.
Liebermann Villa
Don Bosco Heim
Fähre von/nach Kladow
Kohlhasenbrück-str.
Neuer Friedhof
Andreskirche
Linden-
str.
Hermannstr.
Str. zum
Löwen-
Berg-
str.
Bergstr.
Wannsee
Kaiserstr.
Braschzeile
Hugo-Vogel-
Str.
Kylmannstr.
Endestr.
E.-Fisch.-Str.
Conrad-
str.
Sauer-
bruchstr.
Seyler-
str.
Wannsee
Kronprinzenweg
Bahnhof Wannsee
61
Kleistgrab
König-
str.
Am Sandwerder
Nibelungen-
Dreilin
Bismarckstr.
Hänsel-Gretel-
steig
Kirchweg
Am Heidehang
Kornaue
96
per Berge

tung des Judentums in Europa geplant wurde. Das Gebäude Am Großen Wannsee 57 ist heute eine Gedenkstätte.

Vom S-Bahnhof Wannsee geht es mit der **BVG-Fähre** alle 60 Minuten zur vollen Stunde nach **Kladow**.

Kladow

Von der Anlegestelle biegt man links in die **Imchenallee** ein und an der Kreuzung wieder links in den **Sakrower Kirchweg**, der in die **Sakrower Landstraße** mündet. Nach 2,7 Kilometern, kurz hinter der Kreuzung, am Ortsschild von Berlin, beginnt der Grenzstreifen.

Es empfiehlt sich aber, zunächst die asphaltierte Kladower Straße bis zur drei Kilometer entfernten Sacrower Heilandskirche weiterzufahren.

Sacrower Heilandskirche

Die romanisch-romantische Kirche mit dem Säulenumgang wurde von Ludwig Persius geplant, 1844 eingeweiht und war für die Potsdam-Sacrower Bevölkerung zu Mauerzeiten weder zugänglich noch zu sehen, von West-Berlin aus über den See hin zwar sichtbar aber unerreichbar. Sie lag wie ein gestrandetes Schiff am Ufer im scharf bewachten Niemandsland. Für kurze Zeit war die Heilandskirche nach dem Mauerbau noch als Gotteshaus genutzt worden. Da die DDR-Grenztruppen verhindern wollten, dass über das Kirchengelände die Flucht durch die Havel gelingt, haben sie wenige Tage nach der letzten Christvesper von Pfarrer Joachim Strauss am Heiligen Abend 1961 die gesamte Inneneinrichtung demoliert.

Im Niemandsland hinter der Mauer verfiel der Bau zusehends. Durch eine 1984/85 durchgeführte Rettungsaktion der „Stiftung Tagesspiegel" und des Berliner Senats unter Richard von Weizsäcker wurde die Außenfassade saniert. Die Kirche durfte aber weiterhin nicht betreten werden.

Im Wendejahr 1989 wurde zu Weihnachten die wohl älteste Glocke Potsdams (1406) aus ihrem 28-jährigen Schlummer erweckt. Der inzwischen pensionierte Pfarrer Joachim Strauss (1912) konnte in der überfüllten Kirche nach 28 Jahren wieder die erste Christvesper abhalten. In der Folgezeit wurde das verlorene Interieur rekonstruiert und die Innenraumgestalt zurückgewonnen.*

Sarcower Heilandskirche, 2001

Nach dem Abstecher fährt man entlang der Grenze zunächst auf einem wenig fahrradfreundlichen Sandweg, der nach gut einem Kilometer an der Weggabelung rechts in den geteerten Kolonnenweg entlang dem Campingplatz zum **Groß-Glienicker See** übergeht.

21
22
19
20
63
Groß Glienicke
Kladow
Havel
Sacrower See
Imchen
Quastenhorn
Kälberwerder
Gr. Tiefhorn
Kl. Tie
Erdzunge
Meierei
Luisentempel
Parschenkessel
Fuchsberge
Luisenberg
78
Jägerhof
Hottengrund
Blücher Kaserne
Fähre von/nach Wannsee
Sakrower Landstr.
Kladower Damm
Ritterfelddamm
Krampnitzer Weg
Imchenallee
Alt Kladow
Kirchweg
Kladower Str.
Sakrower Kirchweg
Hottengrundweg
Seepromenade
Braumannweg
Verlängerte Uferpromenade
Uferpromenade
Serlbitzer
Kreutzwaldweg
Fehlmannweg
Parnemannweg
Kindlebenstr.
Quastenhorn
Kafkastr.
Sakrower
4
3
2,5

Verschnaufen kann man auf der großen Terrasse eines italienischen Restaurants am Nordufer vom Sacrower See, das man am besten über den Krampnitzer Weg erreicht. Dort gibt es auch eine Badestelle.

Groß-Glienicker See

Kurz vor dem Seeufer fährt man nicht geradeaus in die Landhausstraße, sondern biegt vor dem Haus nach links ab in den Braumannweg und fährt zur **Seeuferpromenade**. Dort fährt man am Seeufer entlang, hält sich nach der Kurve rechts und fährt auf einen befestigten Feldweg, der sich kurz darauf als geteerter Kolonnenweg entpuppt. Am Ende des Sees fährt man nach rechts in die **Gutsstraße**, wo sich noch ein Originalstück der Mauer befindet.

Gutshof Glienicke

Nach der Tordurchfahrt vom **„Gutshof Glienicke"** kreuzt man den **Ritterfelddamm** – westlich der Landstraße wird auf dem ehemaligen Flugplatz von der Bundesregierung die „Landstadt Gatow" für ihre Bediensteten errichtet – und fährt über die Privatstraße zur **Potsdamer Chaussee**, an deren westlicher Seite die Grenze verlief.

Flugplatz Gatow

Über den Außenweg gelangt man zum ehemaligen Flugplatz Gatow, auf dem sich seit 1995 das Luftwaffenmuseum mit 130 Groß-Exponaten aus der Deutschen Luftfahrtgeschichte befindet. Gatow war Stützpunkt und Flughafen der Britischen Besatzungsmacht. Um ihn mit ausreichend langen Start- und Landebahnen auszustatten, wurde nach 1945 der Ort Groß-Glienicke, der Seeburger Zipfel und die Weinmeisterhöhe gegen das zu Berlin gehörende West-Staaken ausgetauscht, ein Austausch, der – im Gegensatz zu West-Staaken – nach der Wende nicht rückgängig gemacht wurde. Der Name Gatow ist mit der Entwicklung des Zeppelins verbunden. Der Zeppelin „LZ 120 Bodensee" beförderte ab 1919 auf 100 Linienfahrten zwischen Friedrichshafen und Berlin-Staaken etwa 4.000 Passagiere.

Der Grenzstreifen ist vollständig wieder aufgeforstet. Man radelt deshalb auf dem asphaltierten Berliner Radweg entlang der Straße.

Rieselfelder

Die **Rieselfelder** *östlich wie westlich der* **Potsdamer Chaussee** *sind einen Besuch wert. Sie wurden Ende des 19. Jahrhunderts für die Abwasserversickerung der schnell wachsenden Großstadt Charlottenburg angelegt und nach dem Zweiten Weltkrieg schrittweise außer Betrieb genommen. Heute sind sie mit ihren Bächen, tiefen Gräben und Pumpwerken ein eindrucksvolles technisches Denkmal, von der Natur mit schönen Biotopen garniert. Einige Becken werden als Reserve für Havariefälle vorgehalten.*

Am Außenweg, hinter der Bushaltestelle, verläuft der Radweg in Schlangenlinien abseits der Straße durch den Wald bis zum Friedhofsgelände. Der direkte ist der Radweg entlang der vielbefahrenen **Potsdamer Chaussee** bis zum als „Grenzweg" ausgeschilderten Zollweg kurz vor der **Daberkowstraße**. Wer lieber etwas abseits der Straße radeln möchte, fährt an der Maximilian-Kolbe-Strasse nach rechts am Friedhofs-Eingang vorbei und biegt kurz vor der Wendeschleife links ab auf den befestigten Feldweg im Rieselfeldgelände. Man passiert die Klärteiche und stößt nach einem Knick auf einen kopfsteingepflasterten Weg. Dort hält man sich links und biegt an der nächsten

22
23
21
Kladow
Groß Glienicke
Groß Glienicker See
Mauerreste
ehem. Flugplatz Berlin-Gatow
Waldsiedlung
Upstall
Kleiner See
Seeburger Fenn
Sümpelfichten
Neue Remise
Galgenberg
Ritterfeld-damm
Potsdamer Chaussee
Chaussee
Seepromenade
Uferpromenade
Braumannweg
Landhausstr.
Isoldestr.
Tristan-
Sacrower Allee
Wendensteig
Am Fenn
Wagner-
Parzival-
Nibelungenstr.
Am Waldfrieden
Kirche
Ribbeckweg
An der
Grüner Weg
Freiheitstr.
Interessentenweg
Dr.-K.-Fischer-Str.
Gutsstr.
Drossel-
Storchenstr.
Am Park
Am Weinberg
Seekorso
Ahorn-
Barde-
promenade
Kur-
Otto-von-Wollank-
Seebad-
Stauden-weg
Zingerle-
Wredeweg
Brittingweg
Barschweg
Benfeyweg
Manhardtweg
Wossidloweg
Krampnitzer Weg
Str. 153
Str. 133
Wublitzweg
Kreuzwaldweg
Fahlmannweg
Wickramstr.
Katzwanger Steig
Hersbrucker Weg
Pegnitzring
Am der Bastion
3,5
4
65

Ecke scharf nach rechts ab in den Feldweg, der zu beiden Seiten mit Birken gesäumt ist. An der nächsten Weggabelung fährt man nach links auf dem glatt gepflasterten Weg an den Häusern vorbei, biegt am Parkplatz, kurz vor der Straße, in den Feldweg ein, quert die **Potsdamer Chaussee/Wilhelmstrasse** und gelangt zum „Grenzweg".

Staaken – Blick von der Grünanlage Hahneberg, 1987

Karolinenhöhe

Auf der **Karolinenhöhe** befand sich bis 1979 noch ein intakter Gutshof, der bis 1985 vollständig abgerissen wurde. Heute zeugen nur noch die Rieselfelder jenseits der Potsdamer Chaussee von der Existenz des einstigen Rieselgutes.

Der geteerte „Grenzweg" liegt auf Spandauer Gebiet. Bei Engelsfelde befindet sich ein kleiner Friedhof, auf dem die etwa 80 in Spandau in den letzten drei Kriegsmonaten erschossenen Soldaten beerdigt worden sind. Der Weg führt an Pferdekoppeln vorbei. Nach Süden hat man den Blick auf weite Felder in ländlicher Idylle Brandenburgs, nach Norden schaut man auf die Hochhäuser der Wissel-Siedlung in Spandau. Vor der Siedlung verlässt man den Zollweg – die Grundstücke wurden den Anrainern zurückgegeben – und fährt auf dem Kolonnenweg weiter bis zur **„Grünanlage Hahneberg"**.

Grünanlage Hahneberg

Südlich des Weges war der Grenzstreifen, nördlich davon befindet sich die **Grünanlage Hahneberg***, die sich 87 Meter über NN erhebt. Sie wurde in den 60er und 70er Jahren als Bauschuttdeponie errichtet. Seit 1977 wurde der Berg als Spandauer Naherholungsgebiet mit Rodelbahn ausgebaut. Im Sommer blühen hier das Sandglöckchen, die Sandstrohblume und die Russische Kamille. Hier leben der gefährdete Steinschmätzer, ebenso wie der Schwalbenschwanz, einer der schönsten heimischen Schmetterlinge.*

Die Grenze knickte hinter dem „Hahnebergteich" und vor dem „Fort Hahneberg" nach Norden ab und verlief quer durch Staaken.

Fort Hahneberg

Nach den Erfahrungen im deutsch-französischen Krieg 1870/71 mit der Artillerietechnik und der Sprengstoffchemie wurden die beste-

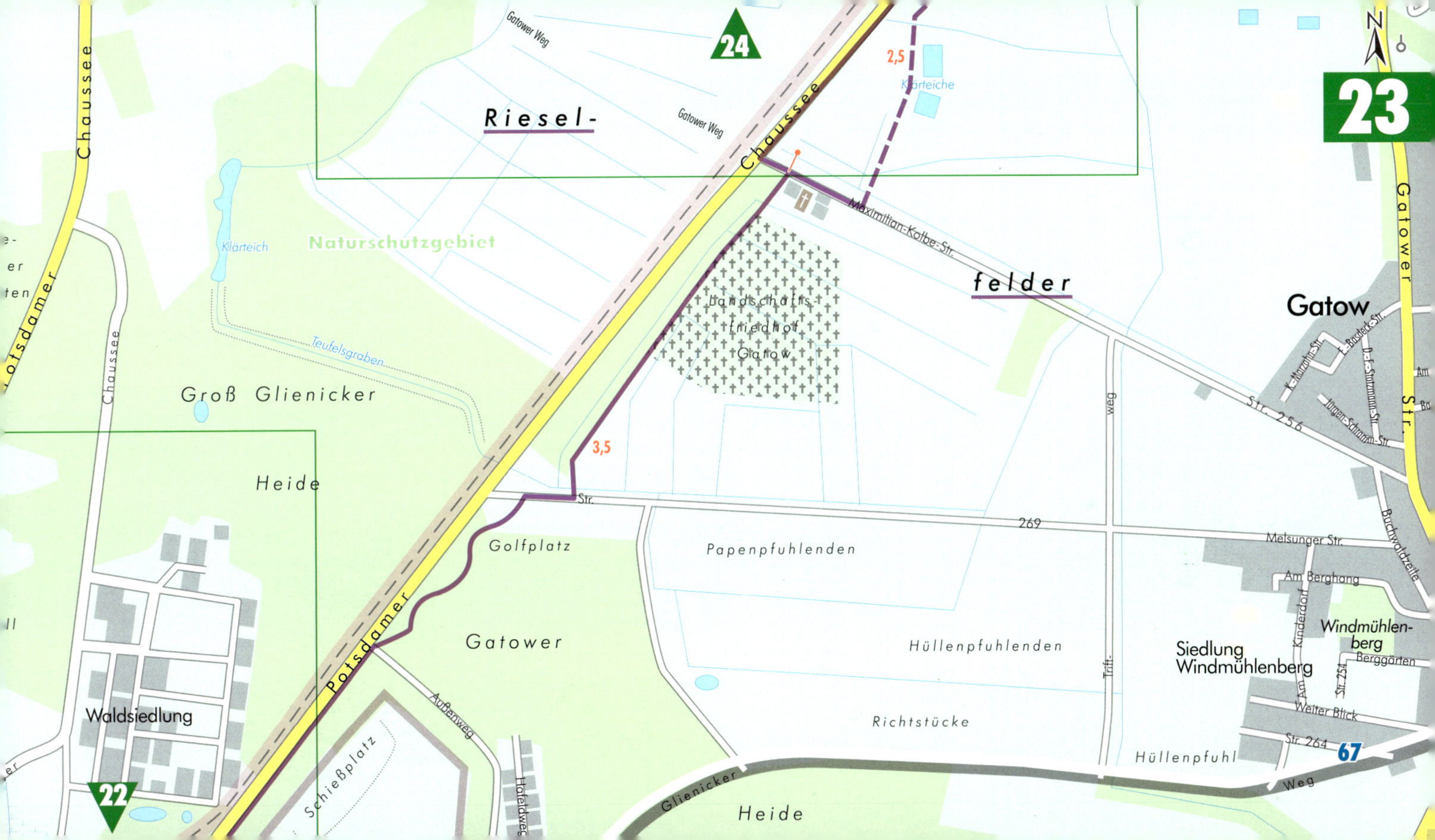
23
24
22
67
Riesel-
felder
Gatower Weg
Gatower Weg
Chaussee
Potsdamer
Chaussee
Kärteiche
2,5
3,5
Klärteich
Naturschutzgebiet
Teufelsgraben
Groß Glienicker
Heide
Maximilian-Kolbe-Str.
Landschafts-
friedhof
Gatow
Str. 256
Gatow
Gatower
Str.
K.-Mürzahn-Str.
E.-Bosbeck-Str.
D.-F.-Strutzmann-Str.
Jürgen-Schmann-Str.
Str.
269
Golfplatz
Papenpfuhlenden
Melsunger Str.
Buchwaldzeile
Am Berghang
Kinderdorf
Windmühlen-
berg
Berggärten
Gatower
Hüllenpfuhlenden
Siedlung
Windmühlenberg
Trift-
weg
Am
Str. 254
Weiter Blick
Richtstücke
Str. 264
Hüllenpfuhl
Weg
Glienicker
Heide
Waldsiedlung
Außenweg
Schießplatz
Hafeldweg

henden Verteidigungsanlagen - Spandau und Küstrin in der Nähe der neuen Reichshauptstadt - verstärkt und modernisiert. Mit dem Bau wurde 1882 begonnen und 1888 wurde das

Staaken – ehemalige Kontrollstelle Heerstraße, 1987

Fort Hahneberg *eingeweiht. Es war das letzte noch gebaute Festungswerk der ehemaligen Festungsstadt Spandau – das erste war die Zitadelle – und war integrierter Bestandteil der Gesamtverteidigungsanlagen. Mit ihm wurde eine über 300-jährige Festungsbaugeschichte abgeschlossen. Es wurde 1991 unter Denkmalschutz gestellt.*

Heerstraße

Auf dem ehemaligen Mauerstreifen quert man in Höhe der Bergstraße die **Heerstraße**, auf der westlich die DDR-**„Grenzübergangsstelle (GÜST) Staaken"** und östlich der **„Grenzkontrollpunkt Heerstraße Berlin (West)"** lagen. Westlich der Bergstraße befand sich die Mauer.

Berg-/Hauptstraße

An der **Berg-/Hauptstraße** weist ein Kreuz auf Dieter Wohlfahrt hin, der 20jährig „am 19.12.1961 als Fluchthelfer ermordet" wurde. Von dieser Ecke fährt man – etwas versetzt – den Fuß- und Radweg geradeaus über das Brückchen, biegt nach links und fährt zum **Brunsbütteler Damm**. Bevor man weiterfährt, sollte man zur Dorfkirche fahren.

Dorfkirche Staaken

Obwohl die über 700 Jahre alte **Dorfkirche Alt-Staaken** am Grenzgebiet lag, blieb sie – im Gegensatz zur noch 1988 abgerissenen katholischen St. Franziskuskirche am Finkenkruger Weg – trotz aller Abrissgerüchte erhalten. Sie wurde von der DDR-Verwaltung sogar am 31. Juli 1986 durch Urkunde zum Denkmal erklärt.

Auch in der Nazizeit hatte diese Kirche Geschichte geschrieben. Die Mehrheit der

Staaken – Blick von der Bergstraße auf die Kontrollstelle, 1987

24
25
23
Spandau
Neu-Staaken
R.-Wissel-Siedlung
Brunsbütteler Damm
Magistratsweg
Heerstr.
Cosmarweg
Potsdamer Chaussee
Wilhelmstraße
Rieselfelder
Naturschutzgebiet
Judenberg
49
Grünanlage Hahneberg
88
Golfplatz
Engelsfelde
Seeburger Fichten
Chaussee
Engelsfelder
Spandauer Weg
Gatower Weg
Hahnebergweg
Weinmeisterhorn-weg
Amalienhof
Kol. Amalienhof I
Kol. Amalienhof II
Gesch. a. Amalienhof
Kol. Karolinenhöhe
Klärteiche
Katzensterzpfuhl
Amalienhofgraben
Upstallgr.
Stieglakebecken
Wiesenbecken
Bullengr.
ehemaliger Kontrollpunkt Heerstraße
ehemalige Grenzübergangsstelle (GUST) Staaken
Mahnkreuz
Fort Hahneberg
Dorfkirche Alt-Staaken
Mühlenviertel
Nennhauser Damm
Staakener Str.
Staakener Feldstr.
Spandauer
Odelsloher
Sudekum-zeile
R.-Münch-Str.
Pfarrer-Theile-Str.
Gärtnereiring
Spierweg
Springer-
Kretzerzeile
Pietschweg
Loschwitzer Weg
Plinitzer Weg
Maulbeerallee
Obstallee
Boltweg
Schwebelweg
Baluschekweg
Kol. Ludwigheim
Egel-Pfuhl
Kol. Egelpfuhl
Lazarusstr.
Sandstraße
Langes Becken
Falkenseer Chaussee
Steinmeisterweg
Doberkowstr.
Malschweg
Rokitzer Steig
1 Erpenbeckzeile
2 Vögtzeile
3 Püffrichzeile
4 Orelzeile
5 Bauersfeldzeile
Vogelzeile
Meydenbauerweg
Matejzeile
Anschützweg
Semmelländerweg
Messterweg
Gruberweg
Rebenweg
Akazienweg
Hamburger Weg
Aumühler Str.
Blankeneser Weg
Pinneberger Str.
Prisdorfer Str.
Barmbeker Weg
Haberland-weg
Weißenstadter Ring
Winterhuder Weg
Flottbeker Weg
Neue Str.
Berg-
Wiesengrund
Wiesenweg
Hauptstr.
2,5
69

Staakener Kirchengemeinde stand hinter ihrem Pfarrer Johannes Theile, der Mitglied der Bekennenden Kirche war. Hier wurden kritische Predigten gehalten und auch mehrfach Juden getauft und getraut, um sie vor den Nationalsozialisten zu schützen.

Nach dem Bau der Mauer 1961 wurde die Dorf-Kirche zur Grenz-Kirche mit einem Wachturm in unmittelbarer Nähe. Trotzdem wurde das Gemeindeleben – wenn auch sehr spärlich – aufrechterhalten. Unter Pfarrer Peter Radziwill wurde die Kirche 1988/89 sogar renoviert. Über den Heiligabend 1988 berichtete die Stasi, dass „die Kirche voll war" und dass sogar einige „ständige Nichtwähler" darunter waren.

Für den Jahrestag des Mauerbaus am 13. August 1989 plante die evangelische Kirchengemeinde mit Pfarrer Radziwill unter dem Thema „mauern, grenzen, abgrenzen" einen Gottesdienst mit Nachgespräch, das von der Stasi mit großer Besorgnis beobachtet wurde. So kontrollierte sie alle zwei Stunden die Kirche und die Nebengebäude. Im Sommer und Herbst 1989 traf sich hier der DDR-kritische „Staakener Kreis". Für das Havelland hatte die Staakener Dorfkirche im Herbst 1989 etwa dieselbe Bedeutung wie die Gethsemané- oder die Zionskirche für Ost-Berlin.

Mit der Wiederherstellung der Deutschen Einheit am 3. Oktober 1990 gehörte West-Staaken wieder zu Berlin. Das „wiedervereinigte" Staaken hat heute über 40.000 Einwohner. Die durch die Stiftung Denkmalschutz und das Landesdenkmalamt Berlin geförderte umfassende Renovierung der Dorfkirche wurde 2002 abgeschlossen.

Dorfkirche Alt Spandau, Ender der 60er Jahre

Auf der inneren Südwand der Kirche befindet sich die große Wandmalerei „Versöhnte Einheit". Sie wurde vom 102-jährigen italienischen Künstler Gabriele Mucchi aus Mailand nach Gedanken von Pfarrer Norbert Rauer entworfen und durch den Berliner Maler Joachim Bayer realisiert. Auf dem gedanklichen Hintergrund der ehemaligen Grenzlandschaft versammeln sich 12 Gestalten aus der Reformationszeit mit unterschiedlichen Auffassungen und Konfessionen verfremdend vor dem Hintergrund der ehemaligen Grenzlandschaft unter dem versöhnenden Kreuz Christi, das – bildlich gesehen – an der Stelle der Mauer steht.

Die bewegte Geschichte des 20. Jahrhunderts lässt sich auch an den fünf Ehrentafeln ablesen:

In die Friedhofsmauer eingelassen ist eine Tafel vom 15. Juni 1913: „Zur bleibenden Erinnerung an die Jubelfeier der Gemeinde Staaken aus Anlaß der 25-jährigen Regierung unseres Kaisers und Königs Wilhelm II. Heil unserem Herrscher".

An der Ostseite der Kirche steht ein Steinkreuz: „Seinen gefallenen Söhnen, das dankbare Staaken, 1914-1918" mit einem Stahlhelm-Symbol.

In der Wiese vor der Friedhofsmauer ist in dem Areal eines (sowjetischen) fünfzackigen Sterns ein Gedenkstein aufgestellt worden, auf

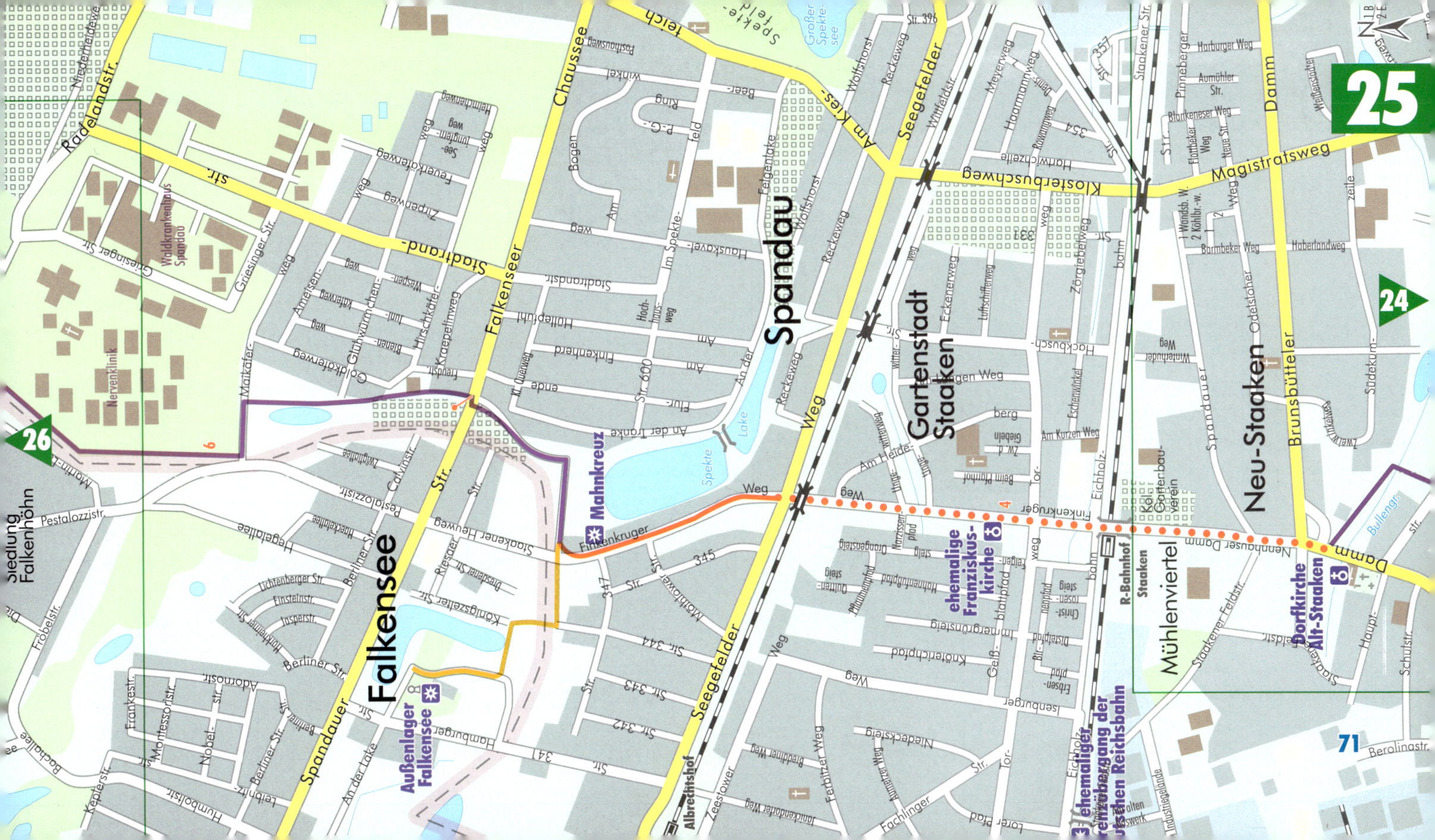

25
24
26
Falkensee
Spandau
Gartenstadt Staaken
Neu-Staaken
Mühlenviertel
Siedlung Falkenhöhn
Mahnkreuz
Außenlager Falkensee
ehemalige Franziskus-kirche
Dorfkirche Alt-Staaken
R-Bahnhof Staaken
ehemaliger Grenzübergang der Deutschen Reichsbahn
Waldkrankenhaus Spandau
Nervenklinik
Falkenseer Chaussee
Spandauer Str.
Seegefelder Weg
Finkenkruger Weg
Magistratsweg
Klosterbuschweg
Am Kiesteich
Stadtrandstr.
Brunsbütteler Damm
Nennhauser Damm
Radelandstr.
Spekte Lake
Großer Spektesee
Spektefeld
Hegelallee
Pestalozzistr.
Albrechtshof
Isenburger Weg
71
Berolinastr.

dem in russischer und deutscher Sprache steht: „Gewidmet von der Sozialistischen Einheit zum Andenken an die Befreiung, April 1945, durch die Rote Armee". Ursprünglich war das ein preußischer Gedenkstein, der nach 1945 umgedreht und völlig verändert wurde. Bei einem Besuch im März 2002 fehlte das Denkmal.

An der südöstlichen Ecke des Kirchen-Grundstücks steht ein im Jahr 2000 aufgestelltes Kreuz mit der Inschrift: „1951 geteilt STAAKEN vereint 1990".Im Kirchgarten wurde von Kindern aus Staaken am 17.6.1993 ein Baum der Versöhnung gepflanzt. Die weiße Maulbeere (Morus alba) wurde gestiftet von Traude Fröhlich aus „West-Staaken im Osten" und Elly Schneider aus „Ost-Staaken im Westen". Dort steht auch eine uralte Linde.

Dorfkirche Alt Spandau, 2001

West-Staaken

Die Gemeinde Staaken war 1920 in „Groß-Berlin" eingemeindet worden. Während sich Spandau damals heftig dagegen wehrte – „Mög schützen uns des Kaisers Hand, vor Groß-Berlin und Zweckverband" – votierte die Gemeindevertretung von Staaken einstimmig dafür.

Als die Alliierten nach dem Zweiten Weltkrieg vereinbarten, dass jede Besatzungsmacht in Berlin einen Airport bekommen sollte, erhielten die Amerikaner Tempelhof, die Franzosen Tegel und die Sowjetunion den außerhalb der Stadtgrenze gelegenen Flughafen Schönefeld. Die Briten wollten den in ihrem Sektor gelegenen Flughafen Gatow mit einer ausreichend langen Start- und Landebahn ausstatten. Deshalb tauschten sie das dafür notwendige Gelände gegen West-Staaken mit der alten Dorfkirche aus, das die Sowjets erhielten.

Am 1. Februar 1951 wurde West-Staaken von der „Volkspolizei" der DDR besetzt, zunächst dem (Ost-)Berliner Bezirk Mitte unterstellt und später vom DDR-Kreis Nauen verwaltet. Knapp 400 Familien mit 1.000 Mitgliedern, etwa 2/3 der Bevölkerung, verließen daraufhin West-Staaken – legal und illegal – zum Teil nur mit Handgepäck versehen in Richtung Spandau.

Der Flugplatz in Staaken

Fast gleichzeitig mit dem ersten Bauabschnitt der Gartenstadt entstand 1915 auch der Flughafen Staaken. Das Gelände zwischen der Lehrter Bahn und der Heerstraße westlich vom Nennhauser Damm war ein Sumpfgebiet, in dem damals noch die heute vom Aussterben bedrohten Trappen, die großen und scheuen Sumpfvögel der Mark Brandenburg, ihre eintönigen Rufe ertönen ließen. Nach der Entwässerung des Luchs durch russische Gefangene wurden dort zwei gigantische Luftschiff-Fertigungshallen gebaut. Der erste Zeppelin verließ am 9. November 1916 die Staakener Werft, in der bis 1918 zwölf der insgesamt 73 Luftschiffe gebaut wurden. Der Zeppelin wurde im 1. Weltkrieg auch militärisch genutzt, zur Aufklärung und für den Abwurf von Bomben, z.

Die vier Sektoren Berlins und die Austauschgebiete 1945

B. auf London. Deshalb musste nach dem Krieg auch in Staaken der Flugzeugbau eingestellt werden. Eine der beiden Hallen wurde 1922 auf Anordnung der Alliierten abgerissen.

Die verbleibende, erst im Zweiten Weltkrieg zerstörte Luftschiffhalle, wurde an Filmgesellschaften vermietet. Die 45 Meter hohe Halle entwickelte sich mit ihrem Nutzraum von 12.000 Quadratmetern zur damals größten Filmfabrik der Welt. Zu rund 300 ständig beschäftigten Arbeitern kamen neben den Schauspielern noch 1.000 Statisten. In der Zeppelinhalle und den angrenzenden Gebäuden gab es sechs Filmateliers. Hier – und nicht in Babelsberg – entstand der berühmte Stummfilm „Metropolis" von Fritz Lang mit Gustav Fröhlich, Heinrich George und Brigitte Helm in den Hauptrollen. Für den Film „Demetrius" von Hans Steinhoff mit den Schauspielern Hans Albers und Alfred Abel ist 1922 die Moskauer Kathedrale nachgebaut worden. Seine Handlung geht auf „Boris Godunow" von Puschkin (1825) zurück, die Modest Mussorgski 1869 für seine gleichnamige Oper verwendete. Die „Dreigroschenoper" von Bertolt Brecht und Kurt Weill wurde 1930 ebenfalls auf dem Staakener Gelände verfilmt.

Der Flugbetrieb war nach dem Ersten Weltkrieg nur für kurze Zeit unterbrochen worden. Am 27. Dezember 1922 startete in Staaken die erste Linienmaschine nach England. Nach der Gründung der „Deutschen Luft Hansa AG" am 6. Januar 1926 wurde Tempelhof der Heimatflughafen und Staaken das zentrale Wartungszentrum, dessen Ersatzteillager mit 40.000 Mustern auch auswärtige Lufthansa-Stationen versorgen musste. Staaken war 1936 auch Olympia-Flugplatz. Dass am 10. August 1938 die viermotorige FW 200 „Condor" von Staaken aus zum ersten Nonstopflug Berlin-New York startete, fand in der Öffentlichkeit wenig Beachtung. Groß gefeiert wurde dagegen drei Tage später in Tempelhof, wo das für damalige Verhältnisse große Flugzeug am 13. August 1938 nach einwandfreiem Rückflug wieder landete.

Mit der am 16. März 1935 von Deutschland einseitig erklärten „Wehrfreiheit" wurde Staaken Fliegerhorst der deutschen Luftwaffe, bis es am 26. April 1945 kampflos in die Hände sowjetischer Truppen fiel. Diese nutzten den Flughafen nur noch kurze Zeit und haben ihn als Luftstützpunkt nicht wieder aufgebaut. Nur wenige Gebäude erinnern heute noch an die frühere Zeit. Zu DDR-Zeiten wurde in der einstigen Kaserne des Fliegerhorstes eine Hochschule für Außenhandel und ab 1958 ein Krankenhaus eingerichtet.

Zum letzten Mal machte der Flughafen Staaken von sich reden, als die am 1. Oktober 1946 in Nürnberg als Kriegsverbrecher zu

Transrapidbrücke am Bahnhof Staaken, 2002

(lebens)langer Haft verurteilten Nazi-Größen Rudolf Heß, Albert Speer, Baldur von Schirach u.a. nach Staaken geflogen wurden, um ihre Strafe im Militärgefängnis in der Spandauer Wilhelmstraße zu verbüßen. Während Speer und Schirach 1966 nach 20-jähriger Haft freigelassen wurden, war Rudolf Heß, der „Stellvertreter des Führers", dort 21 Jahre lang bis zu seinem Selbstmord am 17. August 1987 der einzige Häftling. Gnadengesuche scheiterten immer wieder am sowjetischen Veto. Unmittelbar nach dem Tod des 93-jährigen wurde das Spandauer Kriegsverbrecher-Gefängnis abgerissen.

Nennhauser Damm

Mit der Brücke am **Nennhauser Damm** *verbindet sich eine deutsch-deutsche Episode. Zu Beginn der 80er Jahre wurde das Gelände für die neue Straßenbrücke über die Eisenbahngleise, das auf DDR-Gebiet lag für drei Jahre an Berlin (West) „ausgeliehen". West-Berlin benötigte diese Verbindungsstraße als Umleitung für den Brandwerder- und Magistratsweg, der wegen einer Grundsanierung und der Untertunnelung der Bahnanlagen gesperrt werden musste. In diesen drei Jahren hat der Senat den Nennhauser Damm und die marode Brücke über die Bahngleise auf eigene Kosten für die DDR erneuert. Von diesem Vorgang sollen noch nicht einmal die Alliierten etwas gewusst haben. Heute erinnert an diese Episode nur noch die leichte Verschwenkung des Nennhauser Damms.*

Die Brücke wurde 1996 erneuert und mit einem weiteren Durchlass für den Transrapid nach Süden erweitert. Nach dem Verzicht auf die Transrapid-Strecke Berlin-Hamburg unterquert den Nennhauser Damm heute der teuerste Wanderweg der Republik. Von der

Bepflanzter Grenzstreifen am Bahnhof Staaken, 2002

Eisenbahnbrücke gelangt man zum **Regionalbahnhof Staaken**, der auf der östlichen Seite einen Aufzug hat.

R-Bahnhof Staaken

Von Staaken nach Hennigsdorf 20 km

Spandau – an der Nervenklinik, 1987

Die Grenze verlief bis zur Unterführung der Hamburger Bahn auf der westlichen Seite des Nennhauser Damms und parallel zur „Gartenstadt Staaken". Die **Hamburger Bahn**, deren Regionalbahnhof Albrechtshof man entlang der Gleise erreichen kann, ist übrigens die einzige Trasse des Fernverkehrs, die in den bisherigen 13 Jahren nach dem Fall der Mauer wieder aufgebaut worden ist.

Am **Nennhauser Damm** war 1943 eine KZ-Außenstelle errichtet worden. Bis auf die Schule wurden auf der DDR-Seite 1964 alle Gebäude gesprengt bzw. abgerissen. Nach der Wende wurde das alte Schulgebäude zu beiden Seiten mit zahlreichen Neubauten erweitert.

Die Gartenstadt Staaken

Zwischen der 1846 eröffneten Hamburger Bahn und der seit 1871 betriebenen Lehrter Bahn wurde auf 350.000 Quadratmetern die Gartenstadt Staaken errichtet. Diese Siedlungsform war ein neuer Mittelweg zwischen Landgemeinde und Stadt, wobei der soziale Aspekt - für eine geringe Miete ein gesundes Wohnen mit einem Stück Gartenland - im Mittelpunkt stand. Dies gelang zumindest in der älteren Gartenstadt, die im Frühjahr 1914, also vor dem 1. Weltkrieg, begonnen und 1916 fertig gestellt worden war. Der zweite Bauabschnitt (1926-1929) zwischen Finkenkruger und Ungewitterweg hatte mit seinen mehrstöckigen Siedlungs-Reihenhäusern schon einen anderen Charakter.

Die Gartenstadt war genossenschaftlich organisiert und jeder, der dort eine Wohnung oder ein Haus beziehen wollte, musste Mitglied der Genossenschaft werden. Diese sorgte über ihre Konsumgenossenschaft zugleich für eine preiswerte Belieferung der Mitglieder mit Lebensmitteln und den Dingen des täglichen Bedarfs.

Finkenkruger Weg

Der **Finkenkruger Weg** bildete früher die Grenze zwischen West-Berlin und der DDR. An seinem Ende erinnert noch die alte Wendeschleife an die Mauer. Am 7. Februar 1966 versuchte der Bauschlosser Willi Block zum dritten Mal hier die Grenze zu überwinden. Er starb im Sperrfeuer, die DDR-Grenzer wurden belobigt. Ein Gedenkkreuz gegenüber der Einmündung von Straße 347 erinnert daran.

Konzentrationslager Sachsenhausen

Fährt man auf dem Radweg nach links, gelangt man zum ehemaligen großen Außenlager Falkensee des **Konzentrationslagers Sachsenhausen**, *das zwischen Januar und Oktober 1943 von KZ-Häftlingen errichtet wurde. Etwa 2000 männliche Häftlinge aus ganz Europa waren in den neun Baracken untergebracht, die von elektrisch geladenen Stacheldrahtzäunen umgeben waren. Sie wurden ohne Rücksicht auf ihre Gesundheit zur Produktion von Panzerketten und Munition angetrieben. 850 von ihnen arbeiteten im Reichsbahn-Ausbesserungswerk Grunewald. Im April 1945 wurde das KZ-Außenlager von sowjetischen Truppen befreit. Baracke 7 ist noch erhalten, von Baracke 9 sieht man noch das Fundament. Bereits 1967 hatte die DDR dort ein Denkmal aufgestellt. Das Gebiet wurde Ende der 90er Jahre in einen „Erinnerungspark" umgestaltet.*

Zurück zum **Finkenkruger Weg**. Dort fährt man den geteerten Zollweg bis zur nächsten Kreuzung, biegt an der Spekte-Lake nach Norden ab, quert die **Falkenseer Chaussee** etwas nach rechts versetzt, radelt an den (Berliner) Hochhäusern und der Wendeschleife des Busses vorbei und fährt durch die **Grünanlage Spektewiesen.**

Grünanlage Spektewiesen

Der Zollweg hat auf West-Berliner Gebiet kleine Steigungen, die im Mauerstreifen fehlen. Diese Dünen haben die DDR-Grenztruppen abgetragen, um freies Schussfeld zu bekommen. Rechts hinter dem Zaun liegen die Nervenklinik und das Waldkrankenhaus Spandau, links ist der Grenzstreifen.

Spandauer Forst

Ab und zu sieht man noch die alten Grenzsteine aus der Vor-Mauerzeit, die auch von den DDR-Truppen nicht entfernt wurden. Der Mischwald an der Ostseite war zu DDR-Zeiten gesperrtes Gebiet, weshalb sich eine derartige Artenvielfalt entwickeln konnte, dass er 1999 zum **„Naturschutzgebiet europäischer Bedeutung"** *erklärt wurde. Auch der* **Spandauer Forst** *erlangte im Herbst 2000 diesen Schutzstatus. Diese Idylle würde allerdings entscheidend getrübt, wenn die von der Brandenburgischen Landesregierung favorisierte Umgehungsstraße durch die Natur geschlagen würde.*

Der Zollweg knickt an einem Zaun nach Westen ab. Der Kolonnenweg rings um **Eiskeller**, der von der Mauer umgeben war, ist heute ein ausgeschilderter Reitpfad. Die Wald- und Wiesenfläche „Große Kienhorst", die sich sackartig nach Eiskeller hineinstülpt, wurde erst durch den Gebietsaustausch am 1. Juli 1988 an den Bezirk Spandau abgetreten.

Eiskeller

In Eiskeller macht man heute eine Erfahrung, die eigentlich zu Mauerzeiten typisch war: Der Rundweg endet plötzlich. Heute behindert nicht die Mauer, sondern ein neu angelegter Schrebergarten die Weiterfahrt. Weder Berlin noch Brandenburg kümmerten sich darum, dass der Mauerweg nicht unterbrochen wird.

Deshalb fährt man kurz nach dem Knick rechts in die geteerte Straße, spart sich die fünf Kilometer lange Route um Eiskeller und gelangt auf den nördlichen Zollweg.

Nieder-Neuendorfer Kanal

Dort verläuft der fast zugewachsene **Nieder-Neuendorfer Kanal**. Der bis ins 19.

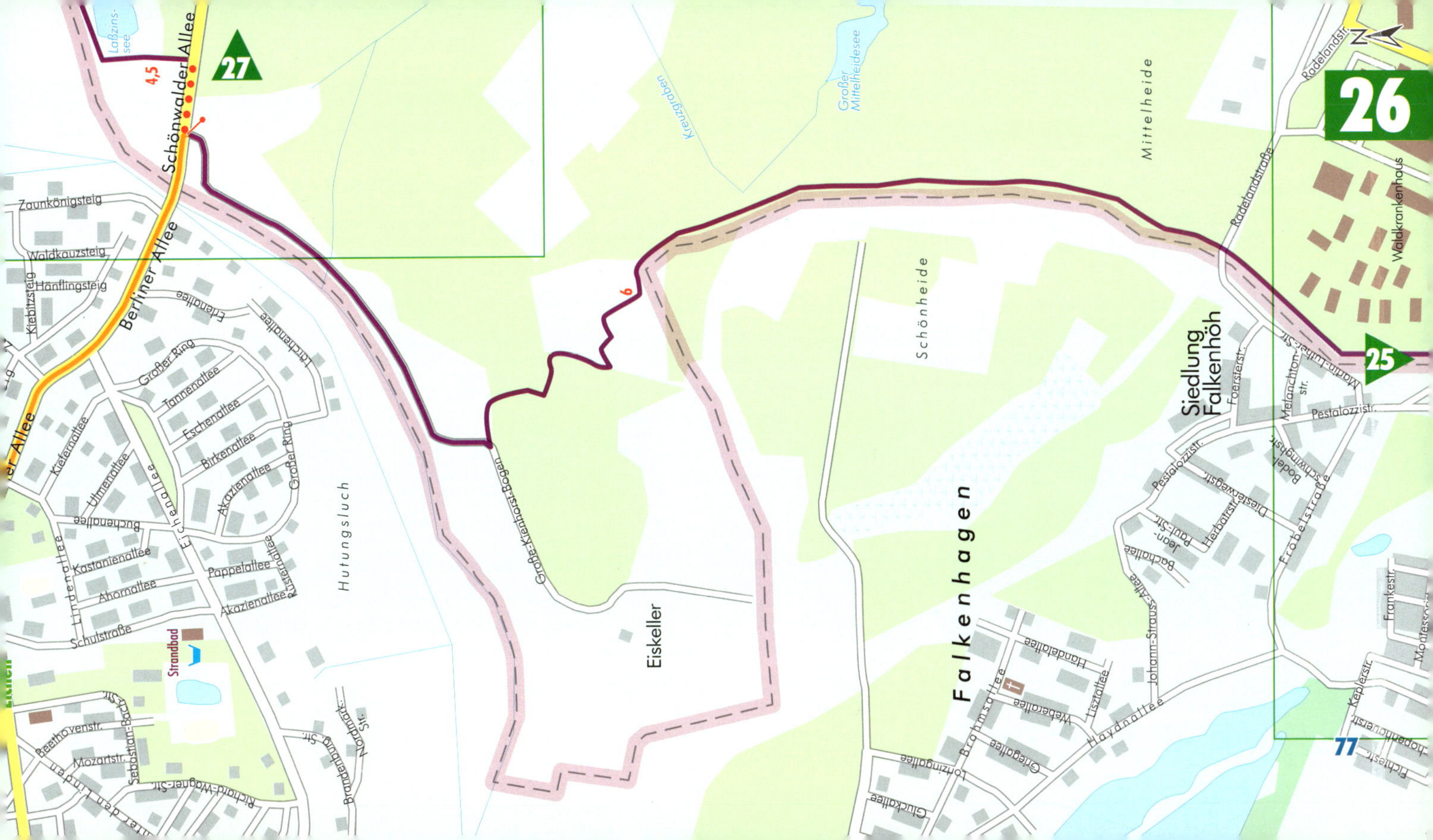

27
26
25
4,5
6
Laßzinssee
Schönwalder Allee
Berliner Allee
Zaunkönigsteig
Waldkauzsteig
Hänflingsteig
Kiebitzsteig
Erlenallee
Lärchenallee
Großer Ring
Tannenallee
Eschenallee
Birkenallee
Akazienallee
Kiefernallee
Ulmenallee
Buchenallee
Eichenallee
Kastanienallee
Lindenallee
Pappelallee
Rüsternallee
Ahornallee
Schulstraße
Strandbad
Beethovenstr.
Sebastian-Bach-Str.
Mozartstr.
Richard-Wagner-Str.
Brandenburg-Str.
Nordmark-Str.
Hutungsluch
Große-Kienhorst-Bogen
Eiskeller
Kreuzgraben
Großer Mittelheidesee
Mittelheide
Schönheide
Falkenhagen
Siedlung Falkenhöh
Radelandstr.
Radelandstraße
Waldkrankenhaus
Foersterstr.
Melanchthonstr.
Martin-Luther-Str.
Pestalozzistr.
Bodelschwinghstr.
Diesterwegstr.
Herbartstr.
Jean-Paul-Str.
Bachallee
Fröbelstraße
Johann-Strauß-Allee
Händelallee
Brahmsallee
Lisztallee
Weberallee
Haydnallee
Griegallee
Lortzingallee
Gluckallee
Frankestr.
Keplerstr.
Fichtestr.

Jahrhundert wichtige Transportweg zweigt über die Kuhlake nach Spandau ab.

Biergarten und tausendjährige Eichen

Für eine Kaffeepause empfiehlt es sich, an der erneuerten Brücke zwischen Schönwalder und Berliner Allee auf dem „Havelländischen Radfernwanderweg" in Richtung Schönwalde zu fahren. Nach einem Kilometer erreicht man das **„Hotel Diana"** *mit einer Sonnen-Terrasse. Fährt man noch 400 Meter weiter zum Fachwerkhaus* **„Schwanenkrug"** *mit Biergarten, kann man noch sieben als Naturdenkmal unter Schutz gestellte tausendjährige Eichen bewundern. Sie sind 25 Meter hoch und haben einen Umfang von 3,87 bis 6,15 Meter. Die Hirschkopfeiche ist mit einem Umfang von 6,15 m die stärkste im Osthavelland.*

Zurück durch den Grenzstreifen zur Brücke. Dort fährt man zunächst auf der Schönwalder Allee – ein Teil der **Alten Poststraße** von Berlin nach Hamburg – und biegt kurz nach dem Kopfsteinpflaster links in den geteerten Zollweg ein. Die Barriere gilt nur für Autos.

Laßzinssee

In diesem Gebiet brüten selten gewordene Arten wie die Bekassine, die Beutelmeise, der Flussregenpfeifer und der Rote Milan, der Vogel des Jahres 2000.

Man umfährt den **Laßzinsee**, ein kleines Eldorado für Wasser- und Sumpfvögel. Danach quert der Zollweg den **Oberjägerweg** und passiert eine eingezäunte Schafskoppel. Die **Niederneuendorfer Allee** fährt man auf dem Radweg in Richtung Stadt. Bei der ersten Gelegenheit biegt man links in den geteerten Zollweg ein, der durch Baumstämme für Autos versperrt wird, bis zum Restaurant **„Bürgerablage"** an der Havel. Im Sommer kann man hier baden und hat einen schönen Blick über den Fluss. Mit einer Fähre kann man nach Heiligensee übersetzen.

Grenzzaun im Spandauer Forst, 1987

Wer hier nicht einkehren möchte, fährt hinter dem Parkplatz aber vor dem Restaurant noch links zum Havelufer.

Fichtewiese und Erlengrund

Die **„Fichtewiese"** *und der* **„Erlengrund"** *waren West-Berliner Exklaven. Sie wurden am 1.7.1988 bei einem Gebietsaustausch von West-Berlin aufgegeben und vom DDR-Kreis Oranienburg miteinander verbunden.*

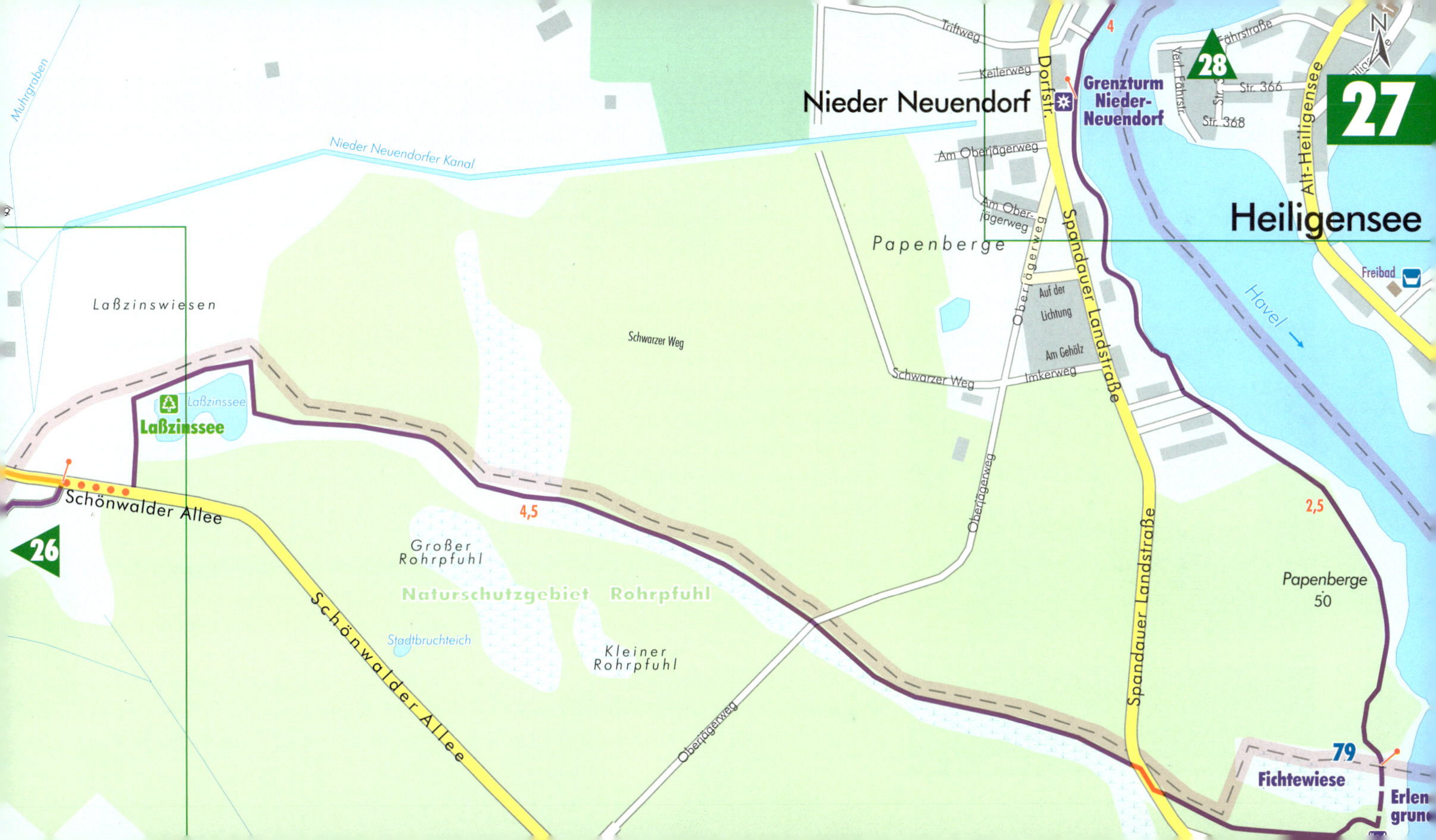

27
28
26
Nieder Neuendorf
Grenzturm Nieder-Neuendorf
Heiligensee
Triftweg
Keilerweg
Dorfstr.
Fährstraße
Str. 366
Str. 368
Alt-Heiligensee
Am Oberjägerweg
Am Oberjägerweg
Papenberge
Oberjägerweg
Auf der Lichtung
Am Gehölz
Spandauer Landstraße
Schwarzer Weg
Imkerweg
Freibad
Havel
Muhrgraben
Nieder Neuendorfer Kanal
Laßzinswiesen
Laßzinssee
Laßzinssee
Schönwalder Allee
4,5
2,5
4
Großer Rohrpfuhl
Naturschutzgebiet Rohrpfuhl
Stadtbruchteich
Kleiner Rohrpfuhl
Papenberge 50
79
Fichtewiese
Erlen grune

Die Grenze verlief in der Mitte der Havel. Auf einem typischen Plattenweg fährt man durch den Mauerstreifen nach Norden, gelangt auf den geteerten Kolonnenweg und fährt durch ein wunderschönes Waldgebiet. Der Grenzstreifen rechts und links des Fahrradwegs ist schon aufgeforstet. Der ehemalige Kolonnenweg zwischen den beiden Exklaven und Hennigsdorf gehört zum 630 Kilometer langen „Radfernweg Berlin-Kopenhagen". Das Teilstück bis zum Bootshaus wurde frisch erneuert.

Hinweis auf West-Berliner Exklaven, 1988

Kleingartenverein Waldfrieden

Am Bootshaus **„Papenberge"** *mit einem großen Anlegesteg für Segel- und Motorboote befindet sich der* **Kleingartenverein Waldfrieden**. *Die Mauer stand direkt vor dem Birkenwäldchen, das sich zwischen Mauer und Havelufer ungestört entwickeln konnte. Um die notwendige Breite für den Grenzstreifen zu bekommen, waren die anliegenden Grundstücke verkleinert worden. Nach dem Fall der Mauer bekamen die Eigentümer sie nur unter großen Schwierigkeiten zurück. Heute reichen ihre Grundstücke wieder bis zum Kolonnenweg, dem heutigen Radweg.*

Museum und Grenzturm Nieder Neuendorf

Wenig später taucht der authentische, mittlerweile restaurierte und denkmalgeschützte **„Grenzturm Nieder Neuendorf"** *auf, von dem mehrere Wach- und Beobachtungstürme geleitet und die elektronischen Grenzsicherungsinstallationen beaufsichtigt werden konnten. Der zirka neun Meter hohe Grenzturm beherbergt heute die „Ständige Ausstellung zur Geschichte der Grenzanlagen zwischen den beiden deutschen Staaten". Er besteht aus fünf Ebenen, von denen drei begehbar sind. Die Ausstellung zeigt auf Schautafeln und in Vitrinen Fotos, Dokumentationen, Grafiken und Statistiken, welche die politischen und gesellschaftlichen Hintergründe des damaligen Grenzregimes reflektieren. Besonders beeindruckend sind die Panoramabilder des ehemaligen Grenzabschnitts Hennigsdorf von Stolpe Süd bis zu Bootskompanie Papenberge.*

Uferpromenade Nieder Neuendorf

Der Kolonnenweg passiert den **„Aussichtspunkt Uferpromenade Nieder Neuendorf"**, der künstlerisch gestaltet worden ist. Am Ende des Kolonnenwegs stößt man auf die **Spandauer Allee** und quert auf dem Radweg, der parallel zur Straße verläuft, die Straßenbrücke über den Havelkanal.

Stahlwerk Hennigsdorf

In Hennigsdorf gab es zu DDR-Zeiten zwei große Arbeitgeber: Das ehemalige „Kombinat VEB Lokomotivbau-Elektrotechnische Werke 'Hans Beimler' Hennigsdorf", kurz LEW genannt, stellte in großem Umfang Schienenfahrzeuge her. Nach der Wende ging das Werk an den Vorbesitzer AEG zurück, die zunächst in ABB, dann im Konzern ADtranz aufging. Heute gehört das Werk zur Bombardier Transportation, einem Global Player mit Hauptsitz in Kanada. Hier werden – wenn auch mit deutlich verringerter Belegschaft – S-Bahn-Züge, Regionalbahn-Triebwagen und ICE-Mittelwagen hergestellt. Der andere Arbeitgeber, das **Stahlwerk Hennigsdorf**, dessen Arbeiter am 17. Juni 1953 zu Tausenden zu Fuß durch West-Berlin gegangen waren, um sich den Demonstrationen in Berlin-Mitte gegen das DDR-Regime anzuschließen, wurde vom italienischen Stahlkonzern Riva aufgekauft und arbeitet heute „auf kleiner Flamme".

Gegenüber dem Werksgelände vwon Bombardier fährt man links in die Rathenaustraße, wo sich der **„Rathenaupark und Ehrenfriedhof"** der Stadt Hennigsdorf befinden.

Rathenaupark

Der 1924 errichtete Park wurde 1945 als Ehrenhain für 208 namentlich bekannte und 122 unbekannte gefallene Soldaten der Roten Armee umgestaltet. 1947 wurde im Zentrum der Grabanlage das Ehrenmal mit einem großen roten fünfzackigen Sowjetstern errichtet. Die gesamte Anlage ist umgeben von einem Zaun, dem der fünfzackige rote Stern als Ornament dient. Der „Rathenaupark und Ehrenfriedhof" wurde 1999 rekonstruiert.

Grenzturm Nieder-Neuendorf (Museum), 2001

Die Regionalbahn nimmt bis zur Fertigstellung des Bahnhofs Berlin-Gesundbrunnen noch den Umweg über Spandau und den westlichen Berliner Außenring (von der DDR zur Umgehung West-Berlins gebaut). Der S-Bahnsteig, von dem auch einige Regionalzüge abfahren, ist mit einem Aufzug ausgestattet.

Bahnhof Hennigsdorf

Von Hennigsdorf nach Hohen Neuendorf 12 km

Vom **Bahnhof Hennigsdorf** fährt man auf der östlichen Seite parallel zum Bahndamm und – etwas versetzt – über die **Hauptstraße/ Neuendorfer Straße** in die **Hafenstraße**. Vorbei am **Hennigsdorfer Hafen** erreicht man kurz vor der Havel-Brücke die **Ruppiner Chaussee**.

Ruppiner Chaussee

Auf dem Radweg Richtung Stolpe/ Heiligensee biegt man an der großen Kreuzung rechts ab und gelangt zum früheren Grenzstreifen. Auf der östlichen Seite der Ruppiner Chaussee ist ein asphaltierter Radweg in beide Richtungen vorhanden.

S-Bahnhof Heiligensee

Auf der Berliner Seite, kurz vor dem **S-Bahnhof Heiligensee**, biegt man nach links in den Zollweg ein, auf dem man schon zu Mauerzeiten nach Frohnau radeln konnte. Die Mauer verlief unmittelbar links vom Weg. Die Häuser auf der brandenburgischen Seite standen direkt an der Hinterlandmauer. Nach

Heiligensee – „Endstation" für die S-Bahn, 1988

der Wende haben die alten – und auch die neuen – Eigentümer die Grundstücke des Grenzstreifens zurückbekommen und ihre Gartenflächen erheblich erweitert. Der Streifen im Waldgelände ist wieder aufgeforstet worden.

Der Weg führt über die A 111, an der sich auf dem heutigen Gelände der Raststätte Stolper Heide bis 1989 die ehemalige **„Grenzübergangsstelle Stolpe"** befand. Heute ist dort ein Autobahnamt. Direkt hinter der Brücke biegt man nach links ab und kommt auf den asphaltierten Kolonnenweg. Parallel dazu verläuft ein breiter Reitweg.

An der Berliner Grenze machte die Mauer einen Knick nach Norden. Auf der Hinweistafel „Wanderwege in der Havelniederung", die auch Radwege ausweist, fehlt jeglicher Hinweis auf die Mauer. Nach dem Knick kommt die erste große Steigung. Der Kolonnenweg ist heute durch zahlreiche querende Wege mit **Frohnau** verbunden.

Frohnau

An der Stelle, an der die Stadtgrenze nach Osten abknickt, sind auf Brandenburger Ge-

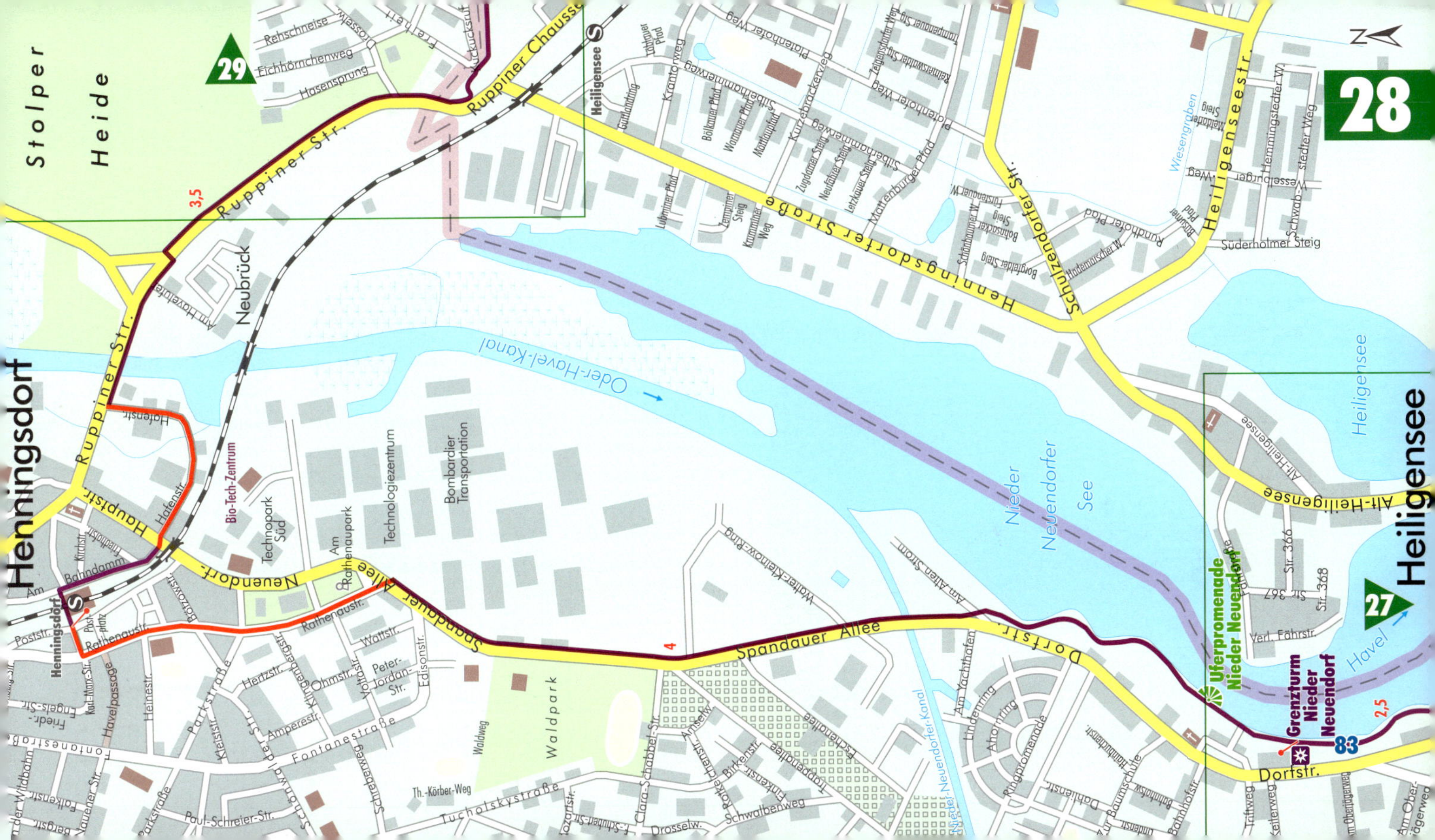
28
29
27
83
Stolper Heide
Henningsdorf
Heiligensee
Neubrück
Ruppiner Str.
Ruppiner Chaussee
Hennigsdorfer Straße
Schulzendorfer Str.
Heiligenseestr.
Oder-Havel-Kanal
Nieder Neuendorfer See
Havel
Alt-Heiligensee
Spandauer Allee
Dorfstr.
Neuendorf-
Hauptstr.
Hafenstr.
Bahndamm
Poststr.
Rathenaustr.
Bio-Tech-Zentrum
Technopark Süd
Am Rathenaupark
Technologiezentrum
Bombardier Transportation
Waldpark
Uferpromenade Nieder Neuendorf
Grenzturm Nieder Neuendorf
Nieder-Neuendorfer-Kanal
Fontanestraße
Parkstraße
Tucholskystraße
Paul-Schreier-Str.
Clara-Schabbel-Str.
Schwalbenweg
Eichhörnchenweg
Hasensprung
Rehschneise
Heiligensee
Wiesengraben
Süderholmer Steig
Wesselburger Weg
Henningstedter W.
Krantorweg
Walter-Kleinow-Ring
Am Alten Strom
Ringpromenade
Bahnhofstr.
Triftweg
Kellerweg
Ferdinand-Bach-Str.
Verl. Fährstr.
Str. 366
Str. 367
Str. 368
3,5
4
2,5
Heinestr.
Havelpassage
Karl-Marx-Str.
Friedr.-Engels-Str.
Kirchstr.
Friedhofstr.
Postplatz
Hertzstr.
Ohmstr.
Voltastr.
Peter-Jordan-Str.
Edisonstr.
Wattstr.
Amperestr.
Klingenbergstr.
Schulstr.
Kleiststr.
Waldweg
Th.-Körber-Weg
Amselw.
Birkenstr.
Finkensteig
Drosselw.
Lindenring
Ahornring
Dohlenstr.
Zur Baumschule
Am Yachthafen
Am Havelufer
Mattenburger Pfad
Kurzebrackerweg
Plarrenhofer Weg
Rundhofer Pfad
Hohenmirscher W.
Borgfelder Steig

biet die „Golfanlage Stolper Heide" und eine Neubausiedlung zu sehen.

Zu Mauerzeiten war die **S-Bahn** stillgelegt, so dass man auf dem Bahndamm wandern und über die Grenzanlagen hinweg die Weite der Felder betrachten konnte. Heute radelt man auf dem geteerten Kolonnenweg an einem Bahnstrom-Unterwerk vorbei, das nach der Wende für die Wiederherstellung der S-Bahnverbindung nach Hohen Neuendorf im Mauerstreifen errichtet wurde. Ein 400 Meter hoher **Antennenmast** der Telekom, früher Horchposten der Franzosen, ist weithin zu sehen. In Höhe der Invalidensiedlung, am Ende des geteerten Kolonnenwegs, folgt man dem Schild „Restaurant Hubertusklause" und fährt auf dem – leider nur in Gegenrichtung ausgeschilderten – Radweg 2 + 6 nach Norden.

Invalidensiedlung

In der hufeisenförmig angelegten **Invalidensiedlung** *fanden die im Ersten Weltkrieg versehrten Offiziere mit ihren Familien Unterbringung und Pflege. Die 50 Backsteinhäuser haben Namen und Wappen über den Eingangstüren: Nr. 18 erinnert an die Stadt „Korbach", Nr. 14 an „Landshut", Nr. 10 an „Bunzlau", usw. Am nördlichen Ausgang der Invalidensiedlung befinden sich zwei Tore.*

Der Bahndamm blockiert den Grenzstreifen, weshalb sich die Route über die **Florastraße** auf Hohen Neuendorfer Gebiet empfiehlt. Vom Kreisel der **Stolper Straße** aus kann man ganz dicht am westlichen Bahndamm entlang zum **S-Bahnhof Hohen Neuendorf** radeln.

S-Bahn Heiligensee, 2002

Die Mauer zwischen Heiligensee und Stolpe, 1988

S-Bahnhof Hohen Neuendorf

29
28
30
Stolper Heide
Brandenburgisches Autobahnamt
ehemalige Grenzübergangsstelle Stolpe
Stolpe-Süd
Frohnau
3
3,5
3,5
Frohnauer Weg
Pechpfuhlweg
Neubrückerstr.
Hainbuchenstr.
Am Eichenhain
Speerweg
Ansgarstr.
Horandw.
Laurinsteig
Alemannenstr.
Nibelungenstr.
Im Amseltal
Stolzingstraße
Gralsburgsteig
Kriggeweg
Wahnfriedstr.
Gralsritterweg
Münchener Str.
Ortwinstr.
Gralsburgsteig
Minheimer Str.
Heerruferweg
Hainbuchenstraße
Am Priesterberg
Merlinweg
Lichtungsweg
Maximiliankorso
Ludolfingerweg
Am Ausblick
Am Kringel
Benediktinerstr.
Am Grünen Hof
Am Quarschlag
Alemannenstr.
Tornierstr.
Sigismundkorso
Wilsburgerzeile
Hangweg
Bifröstweg
Helweg
Graneweg
Artuswall
Olwenstr.
Gawanstr.
Am Kahlschlag
Donnersmarckplatz
Pilgersdorfer Weg
Pfadfinderweg
Karmeliterweg
Am Eichenhain
Donnersmarckallee
Zwergenweg
Forstweg
Frohnauer Str.
Welfenallee
Am der Buche
Am Grünen Zipfel
Karmeliterweg
Olwenstr.
Forstweg
Ruppiner Chaussee
Hasensprung
Eichhörnchenweg
Rehschneise
Fasanenweg
Eulenhorst
Drosselw.
Freiheit
Einheit
Meisensteg
Am Starwinkel
Kuckucksruf
Büssower Weg
Stolpmünder Weg
Sonnenwalder W.
Regenwalder Weg
Lanower W.

Von Hohen Neuendorf nach Hermsdorf 10 km

Vom S-Bahnhof biegt man von der Schönfließer Straße links in die **Bahnstraße** ein. Diese führt am westlichen Bahndamm entlang und geht in einen Geh- und Radweg über, der zum Kreisel führt. Dort fährt man über die „Deutsche Tonstraße“ unter der S-Bahn hindurch und bleibt auf dem Radweg bis zur Tankstelle.

Oranienburger Chaussee

An der Kreuzung quert man die **Oranienburger Chaussee**, fährt auf dem Radweg der linken Seite und biegt dann in die **Utestrasse** ab. Der Grenzstreifen zwischen Hohen Neuendorf und Frohnau wurde durch Hunde bewacht, es war das einzige Hundelaufgebiet in Berlin. Das gab es sonst nur an der innerdeutschen Grenze. Die Utestrasse verläuft zunächst als kopfsteingepflasterter und nach wenigen Metern als asphaltierter Zollweg entlang dem Mauerstreifen. An der ersten Weggabelung, in Sichtweite eines Hauses, fährt man nach links auf dem Waldweg durch den aufgeforsteten Grenzstreifen zum Kolonnenweg. Dort passiert man einen **Wachturm**, nach vielen Kilometern ein Hinweis auf den ehemaligen Grenzstreifen.

Wachturm der Deutschen Waldjugend

Um ein freies Beobachtungs- und Schussfeld zu haben, war auch hier der Grenzstreifen eingeebnet worden. Die dünenartigen Hügel entlang dem südlichen Waldrandes auf West-Berliner Gebiet existieren noch. Der Grenzstreifen ist schon wieder aufgeforstet, der Wachturm wird von der Deutschen Waldjugend genutzt. Auf dem Hinweisschild steht: „Ein Turm zum Anfassen. Nach 10 Jahren ist der ehemalige Todesstreifen eine Oase“.

Hubertussee

Auf dem Zollweg fährt man um den **Hubertussee** herum. An der nächsten Weggabelung, an der sich eine überdachte Picknickstation befindet, biegt man links ab und folgt der Beschilderung „Wanderweg 1“. Nach wenigen Metern fährt man nach rechts, der Grenzstein weist auf den „Geierpfad“ hin. An der nächsten Kreuzung folgt man links abermals dem Hinweis „Geierpfad“ und bleibt auf dem geteerten Weg. An der nächsten Kreuzung fährt man nicht geradeaus sondern folgt dem Hinweis „Geierpfad“ nach links. Der geteerte Weg führt über den **Geierpfad** zum **Schwarzkittelweg**, in den man nach links einbiegt.

Da die Fahrt durch den Mauerstreifen nicht besonders attraktiv ist, empfiehlt sich der ausgeschilderte „Radweg 6“ über den **Bieselheider Weg**. Man quert die Schönfließer Straße, verlässt das Stadtgebiet, biegt in Glienicke rechts ab in die Staerkstraße und fährt auf der Leipziger Straße wieder nach Berlin. An der Ecke **Oranienburger Chaussee/Edelhofdamm** befindet sich ein Mahnmal, ein Mauersegment mit einem großen Holzkreuz und der folgenden Inschrift: „Zum Gedenken an die Opfer der Berliner Mauer 13.8.1961 - 9.11.1989“. Es erinnert an „Herbert Bauer + 25.12.52“ der bei einem Schusswechsel mit sowjetischen Soldaten ums Leben kam und an „Michael Bittner + 24.11.86“, der bei einem Fluchtversuch erschossen wurde.

Oranienburger Chaussee

Die Oranienburger Chaussee verlief genau auf der Grenze. Sie war nicht durchgängig

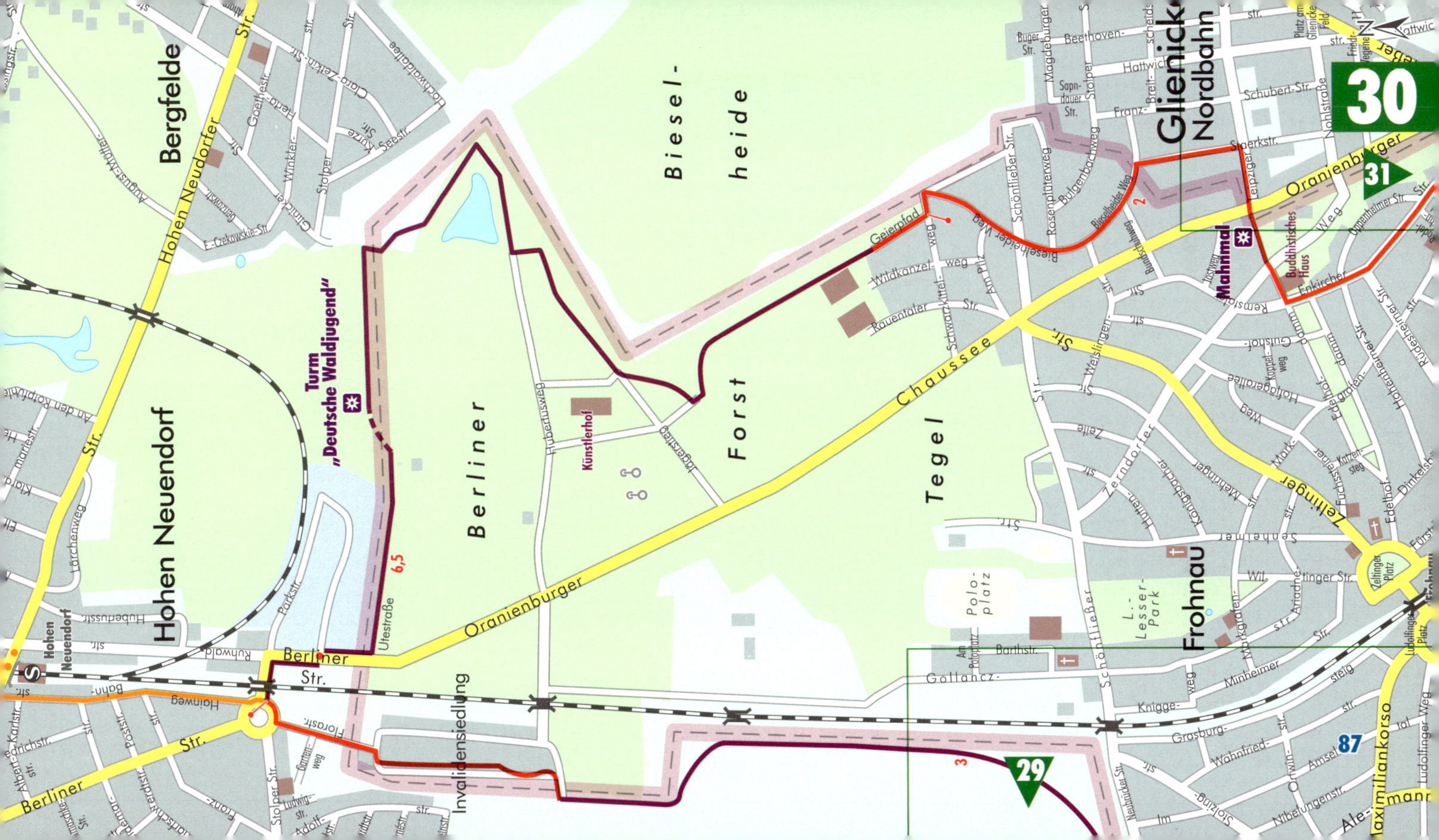

30
31
29
87
Bergfelde
Hohen Neuendorf
Turm „Deutsche Waldjugend"
Berliner Forst Tegel
Bieselheide
Künstlerhof
Glienick Nordbahn
Frohnau
Mahnmal
Buddhistisches Haus
Poloplatz
L.-Lesser-Park
Zeltinger Platz
Hohen Neuendorfer Str.
Oranienburger Chaussee
Oranienburger Str.
Berliner Str.
Zeltinger Str.
Utestraße
Invalidensiedlung
Geierpfad
Bieselheider Weg
Schönfließer Str.
Maximiliankorso
6,5
2
3

befahrbar, weil die Glienicker Straße **„Am Sandkrug"** wie ein Entenschnabel in das West-Berliner Gebiet hineinragte. Auf der westlichen Seite der wegen des Mauerbaus eingeebneten Straße sind die Sandberge noch vorhanden.

Das „Buddhistische Haus"

Das **„Buddhistische Haus"** *befindet sich an der Ecke Edelhofdamm/Enkircher Straße. Es wurde 1924 auf Initiative von Paul Dahlke (1865-1928) errichtet. Unter dem Eindruck der Lehren Buddhas und nach verschiedenen Asienreisen hatte es sich der Berliner Arzt zur Lebensaufgabe gemacht, den Buddhismus im Abendland bekannter zu machen.*

1923 begann er in Frohnau den Bau des Buddhistischen Hauses, finanziert durch Spenden und seine Arzt-Honorare, in das er im August 1924 mit einigen Buddhisten einzog. Eine Küche hatte das Haus nicht, man lebte nur von Rohkost.

Für die Bauten der umfangreichen, in einem weitläufigen Park gelegenen, Anlage griff Dahlke auf unterschiedliche Stilformen zurück. Das Eingangstor unterhalb des Hügels, auf dem das Hauptgebäude steht, ist dem indischen Heiligtum Sänchi Torana nachempfunden. Die Treppe zum Haupthaus umfasst 73 Stufen, entsprechend den 73 Arten des buddhistischen Wissens. Sie ist in acht Absätze unterteilt und symbolisiert den „Edlen Achtfachen Pfad" der nach buddhistischer Lehre zur Erlösung vom Leid der Vergänglichkeit führt.

Das Haus selbst sowie der pagodenartige Turm wurden nach singhalesischem Vorbild errichtet. Die Blätter an den Fenstervergitterungen sind denen des Bodhi-Baumes nachgebildet, unter denen Siddhattha Gotama die vollkommene geistige Befreiung erreichte und damit zu einem „vollkommen Erwachten" (Buddha) wurde.

Hinter dem Haupthaus befindet sich der 1926 erbaute Tempel (mit Meditationshalle), der wie die Gartenanlage japanische Vorbilder erkennen lässt. Ceylonesisch sind dagegen der „Vertiefungsteich" auf der Vorderseite des Grundstücks, der kleine Teich auf der Rückseite des Haupthauses sowie der Versammlungsplatz mit der angrenzenden Meditationszelle.

Im Jahr 1958 erwarb die German Dharmaduta Society in Sri Lanka das Grundstück und die Gebäude. Seitdem kommen Mönche aus Sri Lanka für einige Jahre in das Buddhistische Haus, die neben Studium und Meditation auch Vorträge, Lehrveranstaltungen oder Sprachkurse abhalten. Darüber hinaus werden regelmäßig Seminare und Meditationskurse angeboten.

1967 wurde das Hauptgebäude erweitert, so dass Raum für eine auf buddhistische Literatur spezialisierte Bibliothek entstand. Das unterhalb der Bibliothek liegende „Ceylon-Haus" wurde 1973/74 renoviert und dient seither meditativen Zwecken.

Man fährt die Enkircher Straße weiter, radelt auf einem schmalen Sandweg durch den Entenschnabel und gelangt auf die Burgfrauenstraße. Dort fährt man nach links, quert die Berliner Straße und fährt geradeaus in die **Veltheimstraße**, die als „Radweg Nr. 3" in Richtung Lübars ausgeschildert ist.

Zum **S-Bahnhof Hermsdorf** radelt man 1,3 km lang von der Burgfrauenstraße über Silvester- und Waldseeweg direkt auf den östlichen Bahnhofsplatz, wo sich auch der Aufzug zum Bahnsteig befindet.

S-Bahnhof Hermsdorf

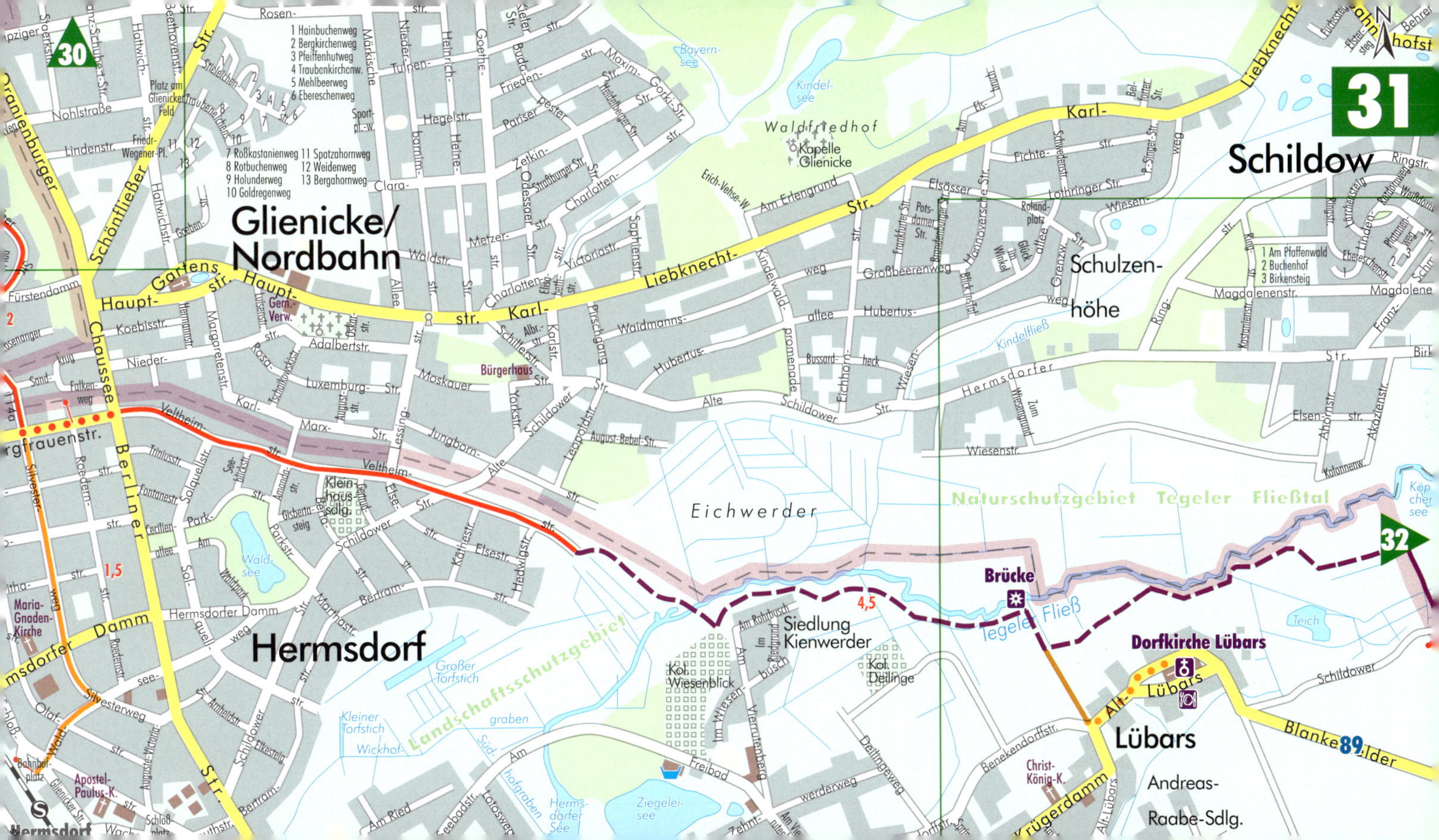
30
31
32
Glienicke/
Nordbahn
Schildow
Schulzen-
höhe
Hermsdorf
Lübars
Andreas-
Raabe-Sdlg.
Siedlung
Kienwerder
Eichwerder
Waldfriedhof
Kapelle
Glienicke
Naturschutzgebiet Tegeler Fließtal
Landschaftsschutzgebiet
Tegeler Fließ
Kindelfließ
Brücke
Dorfkirche Lübars
Bürgerhaus
Gem.-
Verw.
Maria-
Gnaden-
Kirche
Apostel-
Paulus-K.
Christ-
König-K.
Kol. Wiesenblick
Kol. Deilinge
Klein-
haus-
sdlg.
Bayern-
see
Kindel-
see
Wald-
see
Ziegelei-
see
Herms-
dorfer
See
Köp-
cher
see
Teich
Großer
Torfstich
Kleiner
Torfstich
Hermsdorf
1 Hainbuchenweg
2 Bergkirchenweg
3 Pfeiffenhutweg
4 Traubenkirchenw.
5 Mehlbeerweg
6 Ebereschenweg
7 Roßkastanienweg
8 Rotbuchenweg
9 Holunderweg
10 Goldregenweg
11 Spatzahornweg
12 Weidenweg
13 Bergahornweg
1 Am Pfaffenwald
2 Buchenhof
3 Birkensteig
Karl-Liebknecht-Str.
Hauptstr.
Berliner Chaussee
Hermsdorfer Damm
Alte Schildower Str.
Hermsdorfer Str.
Blankenfelder
Krügerdamm
Alt-Lübars
Veltheimstr.
Schönfließer Str.
Oranienburger
Wiesenstr.
Magdalenenstr.
Elsässer Str.
Lothringer Str.
Am Erlengrund
Kindelwaldpromenade
Fürstendamm
Burgfrauenstr.
Silvesterweg
Freibad
Benekendorffstr.
Schildower
1,5
4,5
89

Von Hermsdorf zur Wollankstraße 15 km

Vom **S-Bahnhof Hermsdorf** fährt man auf der östlichen Seite über **Waldseeweg**, **Roedern**- und **Burgfrauenstraße** zur als „Radweg Nr. 3" ausgeschilderten **Veltheimstraße**, die parallel zum Grenzstreifen verläuft.

Veltheimstraße

Sie mündet in den **Naturlehrpfad**, der über eine aufgeständerte Holztrasse durch das Sumpfgebiet führt. Hinter der Holztrasse folgt man nicht dem Radweg, sondern folgt links der Beschilderung nach Blankenfelde und Lübars.

Lübars – am Grenzknick, 1988

Tegeler Fließ

Auf einem weiteren Holzsteg im **Fließ** *– es ist der „Wanderweg 3" – geben Stelltafeln Hinweise auf den Wachtelkönig, die Krickente oder den bittersüßen Nachtschatten. Der Weg verläuft parallel zum kurvenreich sich dahin schlängelnden Tegeler Fließ, auf dessen nördlicher Seite die Mauer stand.*

Man bleibt auf dem befestigten Wiesenweg am Fließufer, bis man zu einer Brücke gelangt, über die die Weiterfahrt nach Norden auch heute noch nicht möglich ist. Früher wegen der Mauer, heute wegen des Naturschutzgebietes „Tegeler Fließtal".

An der Brücke fährt man nach rechts bis zur nächsten Kreuzung, an der man nach links zum **„Rundweg Lübars"** einbiegt. Will man einkehren – und das ist hier zu empfehlen – folgt man dem „Radweg 3" zur Dorfidylle **Lübars** mit Kirche, Labsaal und Dorfkrug.

Lübars

Der Labsaal von Alt-Lübars wurde kurz vor der Wende von einer Bürgerinitiative restauriert und dient heute als Veranstaltungs- und Versammlungsort. Vom S-Bahnhof Hermsdorf bis Lübars sind es etwa sieben Kilometer.

Zur Grenze zurück geht es vom Dorfkrug über die Straße **Alt-Lübars** nach rechts in den Feldweg zum Reiterhof. Der Weg folgt dem Schild „Rundweg Lübars" nach rechts und führt am Ende des Reiterhofs über einen Holzbohlensteg auf einen befestigten Wiesenweg. An der „Holzweggabelung" sollte man sich links

Naturschutzgebiet Tegeler Fliess, 2002

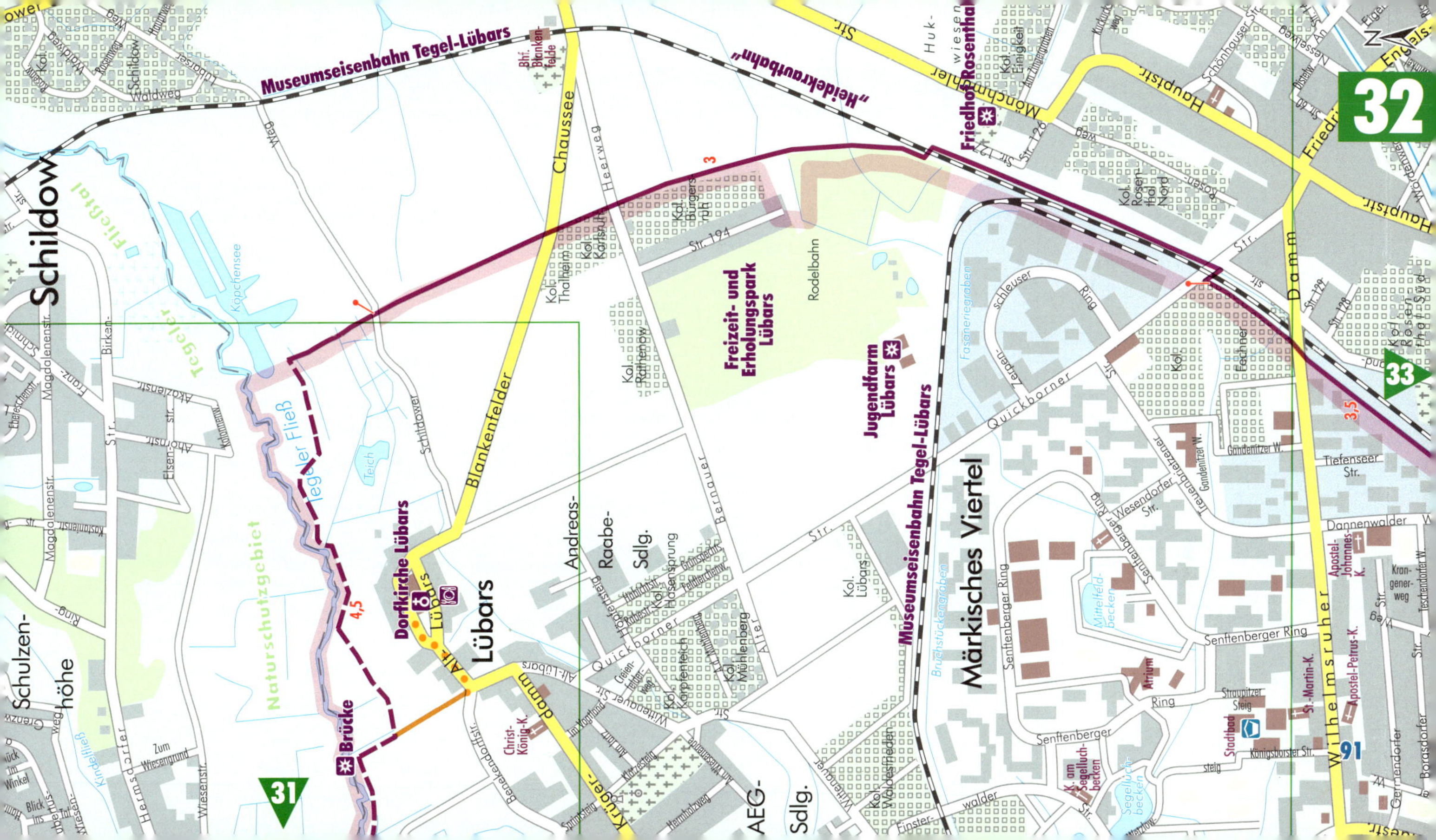
32
33
31
91
Schildow
Museumseisenbahn Tegel-Lübars
„Heidekrautbahn"
Bhf. Blankenfelde
Chaussee
Blankenfelder
Heerweg
Mönchmühler Str.
Friedhof Rosenthal
Hauptstr.
Friedrich-Engels-Str.
Wilhelmsruher Damm
Fließtal
Tegeler
Köppchensee
Tegeler Fließ
Naturschutzgebiet
Teich
Schildower
Dorfkirche Lübars
Alt-Lübars
Lübars
Brücke
Zabel-Krüger-Damm
Christ-König-K.
Freizeit- und Erholungspark Lübars
Rodelbahn
Jugendfarm Lübars
Bernauer
Alter Bernauer
Quickborner Str.
Museumseisenbahn Tegel-Lübars
Märkisches Viertel
Senftenberger Ring
Wesendorfer Str.
Dannenwalder W.
Tiefenseer Str.
Atrium
Stadtbad
Apostel-Johannes-K.
St.-Martin-K.
Apostel-Petrus-K.
K. am Seggeluchbecken
Seggeluchbecken
Mittelfeldbecken
Königshorster Str.
Finsterwalder Str.
AEG-Sdlg.
Andreas-Raabe-Sdlg.
Schulzenhöhe
Hermsdorfer
Magdalenenstr.
Kol. Lübars
Kol. Rathenow
Kol. Thalheim
Kol. Bürgersruh
Str. 194
Fasaneriegraben
Bruchstückengraben
Schleuser Ring
Zerpenschleuser Ring
Treuenbrietzener Str.
Krangenerweg
Senftenberger
Kindelfließ
Zum Wiesengrund
Wiesenstr.
Birkenstr.
4,5
3
3,5

Blick vom Trümmerberg auf den Grenzstreifen, 1988

halten und zwischen dem Fließ und dem Teich auf dem „Wanderweg 3" weiterfahren.

An der Bank vor dem großen Baum fährt man nicht nach rechts, sondern – etwas versetzt – geradeaus auf dem schmalen Feldweg zum asphaltierten Kolonnenweg, der am Köppchensee und dem Naturschutzgebiet vorbei führt.

Köppchensee

Der Kolonnenweg ist als „Radweg 11" ausgeschildert, mit einem Hinweis auf die Straßenbahnstation Rosenthal und den Weg nach Blankenfelde. Bald ist ein kleiner Berg erreicht, von dem aus man einen schönen Blick auf den Köppchensee hat. Der **Köppchensee** wurde übrigens für den Bau der Mauer teilweise zugeschüttet und nach der Wende renaturiert, was man an der Schlangenlinie des Weges gut erkennen kann. Die Mauer verlief ohne Kurve geradeaus.

Im vorgelagerten **Kalktuffgelände** ist eine Kolonie der seltenen Uferschwalben zu beobachten, die sich zu Mauerzeiten ungestört ansiedeln konnten. Der Kolonnenweg ist heute mit Bäumen bepflanzt, von ihm erstreckt sich in Richtung Pankow eine Naturlandschaft. Von hier aus sind auch die Ausläufer des Märkischen Viertels und das Dorf Lübars zu erkennen.

Blankenfelder Chaussee

Man quert die **Blankenfelder Chaussee** und den **Bernauer Heerweg**, der als Rad- und Wanderweg über den Grenzstreifen verlängert wurde. Drei große Steine verhindern, dass Autos diesen Weg benutzen. Von hier aus schweift der Blick über die weiten Felder der **Märkischen Kulturlandschaft** – über die bis in die 70er Jahre noch Ost-Berliner Abwässer zur Verrieselung geleitet wurden – bis zum Fernsehturm am Alexanderplatz.

Stadtsilhouette vom „Freizeit- und Erholungspark", 2002

Freizeit- und Erholungspark Lübars

Abwärts geht es vorbei am **„Freizeit- und Erholungspark Lübars"**, der auf einem Trümmerberg errichtet wurde, bis zur Eisenbahntrasse der **Heidekrautbahn**.

Die Heidekrautbahn

Die „Niederbarnimer Eisenbahn AG" (NEB), im Volksmund auch heute nach ihrem Zielgebiet Schorfheide nur „Heidekrautbahn“ genannt, wurde am 21.5.1901 in Betrieb genommen und verband den Barnim, die nördlich von Berlin gelegene Wald-, Heide- und Seenlandschaft mit dem Bahnhof Berlin-Wilhelmsruh. Anders als in den 30er Jahren erhalten Kleingärtner heute aber keine sechzigprozentige Fahrpreisermäßigung mehr. Auch ist die Zeit, in der die Heidekrautbahn Gewinne einfuhr, längst vorbei. Die Dampfloks, die „Liebenwalde“ oder „Reinickendorf“ hießen, wurden verschrottet. Dabei gehörte die NEB ab 1934 mit ihren Diesel-Triebwagen zu den Pionieren des Triebwagenbetriebs mit Verbrennungsmotor.

Kopenhagener Straße mit Mauer, 1989

Am 1. April 1949 übernahm im Bereich der Sowjetischen Besatzungszone die Deutsche Reichsbahn alle Privat- und Kleinbahnen. Der 1950 erfolgten Verstaatlichung ist die NEB als einziges Eisenbahn-Unternehmen in der DDR entgangen. Offensichtlich waren die Besitzverhältnisse zu kompliziert. Beteiligt waren das Land Brandenburg, der Kreis Niederbarnim, die Stadt Berlin, die Berliner Verkehrsbetriebe sowie anliegende Gemeinden. Die Bahnhöfe Rosenthal und Wilhelmsruh sind 1962 für den Ausbau der Grenzsicherungsanlagen abgerissen worden, weil die Strecke direkt neben der Sektorengrenze zwischen den Bezirken Pankow und Reinickendorf verlief. Nach der Wende bekam die NEB ihre Anlagen wieder zurück und wurde für die fehlenden Triebwagen sogar entschädigt.

Heute fahren die Züge von Groß-Schönebeck und Wensickendorf über einen nach dem Bau der Mauer errichteten Abschnitt von Basdorf zum S- und R-Bahnhof Berlin-Karow. Die NEB möchte gerne wieder mit modernen Triebwagen bis Gesundbrunnen im Westen bzw. Lichtenberg im Osten fahren. Die privaten Eigentümer sind davon überzeugt, dass die NEB dann an ihre erfolgreiche Vergangenheit anknüpfen und Gewinne einfahren kann.

Der Weg quert die Schienen und man fährt auf der östlichen Seite der Bahntrasse weiter. Dort liegt der **Evangelische Gemeindefriedhof** von Rosenthal, ein kleiner Friedhof, der im Grenzgebiet lag und zu DDR-Zeiten besonders gesichert war. Mittlerweile wurde die Friedhofsmauer saniert.

Kopenhagener Straße ohne Mauer, 2002

Evangelischer Gemeindefriedhof Rosenthal

Auf dem Friedhof – so erzählte eine betagte Frau – war es nicht gestattet, Leitern zu haben, und ein Grab durfte auch im Winter nur bei Tageslicht ausgehoben werden. So sollte verhindert werden, dass jemand über die Friedhofsmauer in den Westen flüchten konnte. Die dritte Barriere nach den beiden Mauern war die für DDR-Verhältnisse außergewöhnlich stark beleuchtete Straße.

Man fährt auf dem asphaltierten Kolonnenweg durch ein Landschaftsgebiet mit wild gewachsenen Birken und Sanddorn.

Mauerstreifen am S-Bahnhof Wollankstraße, 1989

Die Idylle hier ist bedroht durch die geplante „Nordtangente", eine Schnellstraße, die Pankow und Reinickendorf verbinden soll.

Rosenthal

Rosenthal *ist, wie Blankenfelde auch, als altes märkisches Gutsdorf in seinen Grundstrukturen noch gut erkennbar. So kann man in beiden Dörfern noch die Schnitterkasernen sehen, in denen zur Erntezeit die polnischen Saisonarbeiter lebten.*

Nach Überquerung der **Quickborner Straße** fährt man auf dem als „Radweg 11" ausgewiesenen asphaltierten Zollweg. Dort ist auf der westlichen Seite noch die Wendeschleife für die Busse zu sehen, auf der östlichen Seite die der Straßenbahnlinie 53 in Rosenthal. Anschließend kreuzt man den **Wilhelmsruher Damm**, auch dort ist die Wendeschleife aus Mauerzeiten noch sichtbar.

Wilhelmsruher Damm/Märkisches Viertel

Am **Märkischen Viertel** existiert eine der schärfsten Stadtkanten von Berlin. Die Trasse der Heidekrautbahn, als Anschlussbahn eines DDR-Betriebes weiter genutzt, war von beiden Seiten im Grenzstreifen eingemauert. Die Güterzüge fuhren scharf kontrolliert durch ein Eisentor auf das damalige Gelände des „VEB Bergmann-Borsig", der unter anderem Turbinen herstellte. Links liegt der **„Friedhof Pankow VII"**, der einst zu Rosenthal gehörte.

Der Mauerweg verläuft nun zwischen Eisenbahntrasse und dem Märkischen Viertel bis zum Nordgraben, einem kleinen Flüsschen, das die Grenze bildete, und auf dessen südlicher Seite die Mauer stand. Deshalb fährt man nach rechts auf dem Zollweg bis zur

Mauerstreifen am S-Bahnhof Wollankstraße, 2002

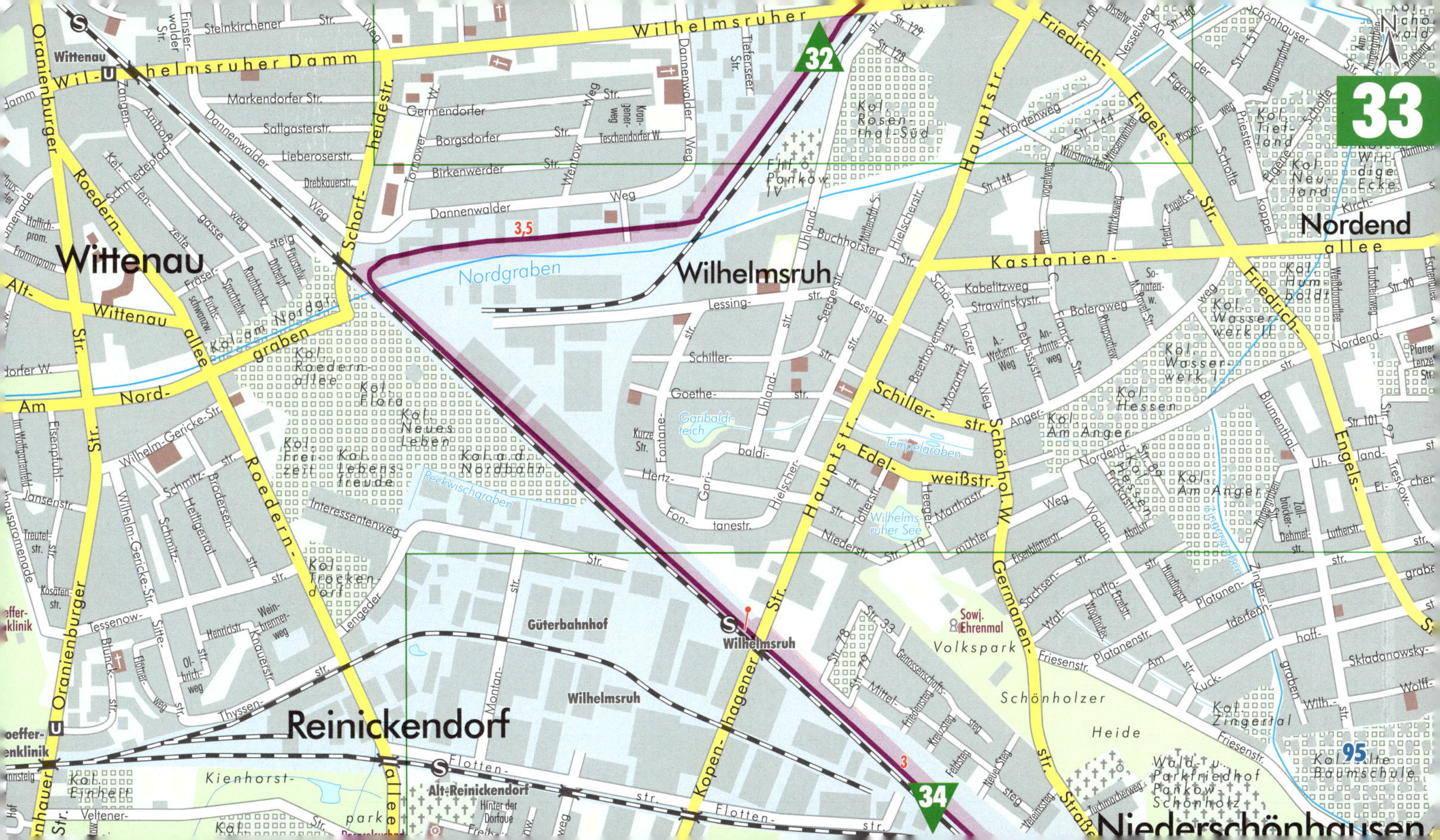
33
32
34
Wittenau
Wilhelmsruh
Nordend
Reinickendorf
Niederschönhausen
Wilhelmsruher Damm
Oranienburger Str.
Roedern-allee
Alt-Wittenau
Am Nordgraben
Nordgraben
Kol. am Nordgraben
Kol. Roedern-allee
Kol. Flora
Kol. Neues Leben
Kol. Frei-zeit
Kol. Lebens-freude
Kol. a. d. Nordbahn
Kol. Trocken-dorf
Kol. Rosen-thal-Süd
Fil. Pankow IV
Kol. Tief-land
Kol. Neu-land
Kol. Win-dige Ecke
Kol. Hum-boldt
Kol. Wasser-werk II
Kol. Wasser-werk I
Kol. Hessen
Kol. Am Anger
Kol. Zingertal
Kol. Alte Baumschule
Kol. Einheit
Kienhorst-park
Friedrich-Engels-Str.
Hauptstr.
Kastanien-allee
Schillerstr.
Edelweißstr.
Schönholzer Weg
Germanenstr.
Kopenhagener Str.
Lessingstr.
Goethestr.
Uhlandstr.
Fontanestr.
Garibaldistr.
Garibaldi-teich
Tempelgraben
Wilhelmsruher See
Peckwischgraben
Interessentenweg
Lengeder Str.
Güterbahnhof
Wilhelmsruh
Thyssenstr.
Flottenstr.
Alt-Reinickendorf
Montanstr.
Dannenwalder Weg
Schorfheidestr.
Markendorfer Str.
Sallgaster Str.
Lieberoser Str.
Gernmendorfer Str.
Borgsdorfer Str.
Birkenwerder Str.
Teschendorfer W.
Tiefenseer Str.
Steinkirchener Str.
Finsterwalder Str.
Zangengasse
Amboßweg
Schmiedepfad
Buchhorster Str.
Hielscherstr.
Kabelitzweg
Strawinskystr.
Boleroweg
Beethovenstr.
Mozartstr.
Debussystr.
Nordendstr.
Blumenthalstr.
Zingergraben
Sowj. Ehrenmal
Volkspark
Schönholzer Heide
Friesenstr.
Platanenstr.
Sachsenstr.
Wald- u. Parkfriedhof Pankow-Schönholz
Sklodanowsky-
Wilhelm-Gericke-Str.
Eisenpfuhl-
Jansenstr.
Tessenowstr.
Blunckstr.
Henricistr.
Krauserstr.
Weinbrennerweg
Heiligental
Brodersenstr.
Schmitzweg
Am Nordgraben
Wittenau
Veltener Str.
Hauptstr.
3,5
3
95

S-Bahntrasse. Dort radelt man zwischen ehemaligem Grenzstreifen und Bahndamm. Auf diesem Dreieck wurde nach der Wende übrigens die Mauer recycelt. Ganze Teile wurden dort hingebracht und für die Verwendung im Straßenbau zertrümmert.

Der Grenzstreifen ist verwahrlost. Deshalb fährt man auf dem asphaltierten Zollweg.

S-Bahnhof Wilhelmsruh

Schließlich kommt man zum **S-Bahnhof Wilhelmsruh**, dessen östlicher Zugang zugemauert war, und der auf einem Damm liegt. Der gleichnamige Bahnhof der NEB lag ebenerdig parallel dazu und wurde 1962 abgerissen. Man kreuzt die **Kopenhagener Straße** und radelt weiter auf dem asphaltierten Zollweg ("Radweg 11") bis zur Klemkestraße.

Klemkestraße

Südlich der Klemkestraße fährt man wieder auf dem geteerten Kolonnenweg, der als „Radweg 2+5" ausgeschildert ist, und südlich der **Provinzstraße** auf dem „Radweg 11" bis zur **Jugendverkehrsschule Pankow**, die im Mauerstreifen gebaut wurde. In der Mitte der Schützenstraße und am rechten Rand der Straße Am Bürgerpark ist die doppelte Kopfsteinpflasterreihe sichtbar.

Bürgerpark

Der Radweg führt am Städtischen Friedhof Pankow vorbei zum **Bürgerpark**. Beide waren einst von der Mauer begrenzt. Die Straße lag – wie auch die ebenerdige Bahnlinie – im Grenzgebiet und kann erst seit dem Mauerfall wieder genutzt werden. Die S-Bahn, die auf einem Damm liegt, fuhr auch zu Mauerzeiten. Die hier früher verlaufenden Ferngleise der Nordbahn (Stettiner Bahnhof - Oranienburg) waren bereits 1952 außer Betrieb gegangen und später abgebaut worden. Auf der westlichen Seite befindet sich im Grenzstreifen der Kinderbauernhof, auf der östlichen ist ein Spielplatz.

Der Bürgerpark existierte schon zu DDR-Zeiten. Nach der Wende wurde er mit einer Pergola als Eingangstor auch von Westen her zugänglich. Als Eingangsbereich zum Bürgerpark wird der 1978 entwidmete Friedhof Pankow I genutzt, der um die Jahrhundertwende angelegt worden war.

Gedenkstätte am S-Bahnhof Wollankstraße, 1989

Blühende Kirschbäume am S-Bahnhof Wolankstraße, 2002

Seit den vierziger Jahren gab es dort keine Begräbnisse mehr.

Kurz vor der Leonhard-Frank-Straße und vor dem Kinderbauernhof knickt die doppelte Kopfsteinpflasterreihe nach rechts schräg ab. Der Mauerweg führt über die neue **Panke-Brücke**, dann nach rechts zum Bahndamm, vor dem man nach links in eine Kirschbaumallee einbiegt. Der Radweg wird unterbrochen, weil ein ehemaliger Eigentümer sein Mauergrundstück zurückbekommen hat. Auf beiden Seiten des Kolonnenwegs wird mit aufwändiger Beschilderung auf das Ende des Rad- und Fußwegs hingewiesen. Es wäre besser gewesen, das Geld für die Asphaltierung der Umgehungsschleife auszugeben.

Der Kolonnenweg führt zum **S-Bahnhof Wollankstraße**. Das Empfangsgebäude von 1893 blieb unversehrt erhalten und ist nach erfolgter Renovierung wieder eine Augenweide. Der Bahnhof lag zu Mauerzeiten vollständig auf DDR-Gebiet und blieb dennoch – anders als der stillgelegte S-Bahnhof Bornholmer Straße – für westliche Fahrgäste zugänglich. Bis zur Aufdeckung 1962 fanden hier spektakuläre Fluchten durch Tunnel unter dem Bahndamm statt.

S-Bahnhof Wollankstraße

Hier versahen Reichsbahner im Auftrag der DDR und nicht S-Bahner im Auftrag der BVG ihren Dienst. Das sah man nicht nur an den Uniformen, sondern auch an der Werbung z. B. für den DDR-Flughafen Schönefeld.

Diese 15 km lange Strecke durch eine wunderschöne Fließlandschaft mit Lehrpfad, Kinderbauernhof und Spielplatz eignet sich auch gut als Wanderung, die auch mit Kindern zu empfehlen ist. Wer einen Aufzug benutzen möchte, muss weiter zum **S-Bahnhof Bornholmer Straße** radeln.

Von der Wollankstraße zum Nordbahnhof 5 km

Vom **S-Bahnhof Wollankstraße** fährt man rechts in die **Brehmestraße**, die früher zum Sperrgebiet gehörte. Die Häuser, die total heruntergekommen waren, als die Mauer fiel, zeigen sich heute wieder in ihrer alten Pracht. Ab und zu tauchen Gebäude im alten Zustand auf. So erkennt man, was sich alles geändert hat. Vorbei geht der Weg an einem großen Recyclinggelände, auf dem für den Bau des Nordkreuzes die Materialien gelagert, sortiert und wiederverwertet wurden.

Brehmestraße

Der Weg durch die **Brehmestraße** ist der beste Weg zurück zum Mauerstreifen. Er hat allerdings im zweiten Teil entlang der Kleingärten Kopfsteinpflaster.

An der **Maximilianstraße** fährt man unter den Bahnbrücken hindurch rechts in die Dolomitenstraße.

Dolomitenstraße

Hinter den Garagen ist noch ein Teil der **Hinterlandmauer** in einwandfreiem Zustand erhalten. Sie reicht von der Bahnbrücke bis zum Grundstück der Häuser 41, 43, 45. An der Kreuzung **Dolomitenstraße/Esplanade** geht es rechts in die Sackgasse zum früheren Grenzstreifen. Man sieht, dass hier beim Neubau der Brücken die „alten" Unterführungen berücksichtigt wurden, so dass man nach Fertigstellung des Nordkreuzes (2003) mit dem Fahrrad und zu Fuß wieder von Pankow nach Wedding die trennenden Bahnlinien bequem unterqueren kann.

Der asphaltierte Kolonnenweg ist beidseitig mit **Kirschbäumen** bepflanzt, die im April in prachtvoller Blüte stehen. Sie wurden von der schon erwähnten japanischen Initiative gespendet. Kurz vor der Brücke sind Überreste des provisorischen **S-Bahnhofs Bornholmer Straße** (Ost) zu erkennen, der 1991 errichtet wurde, um das Umsteigen vom Ost-Berliner auf das West-Berliner S-Bahnnetz zu ermöglichen. Nach (Teil-)Fertigstellung des großen Bahnknotens „Nordkreuz" hatte er nach genau 10 Jahren ausgedient.

Blick auf die Bösebrücke mit Grenzübergang Bornholmer Straße, 1989

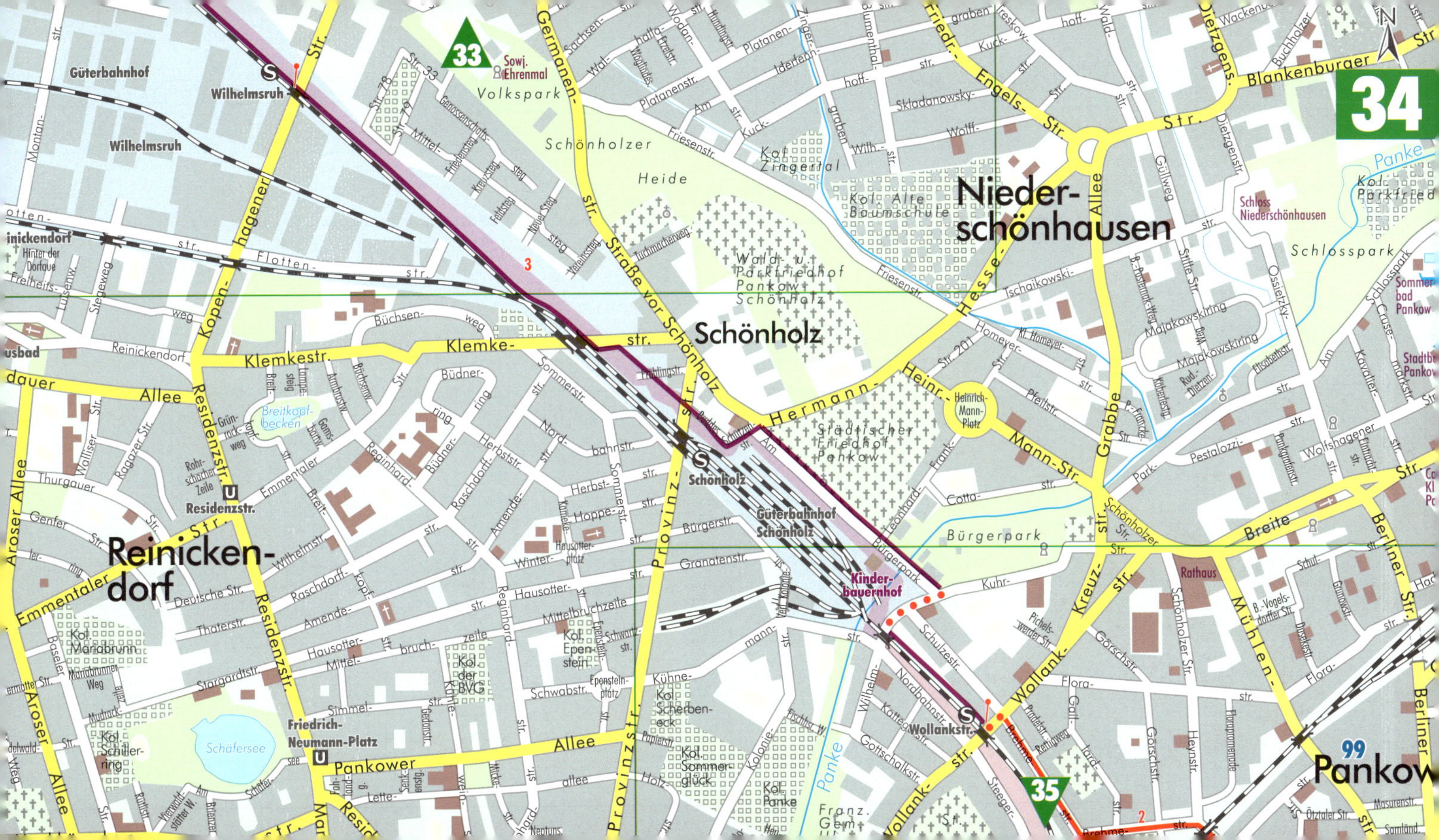
34
33
35
99
Güterbahnhof
Wilhelmsruh
Wilhelmsruh
Sowj. Ehrenmal
Volkspark
Schönholzer
Heide
Schönholz
Nieder-
schönhausen
Schloss Niederschönhausen
Schlosspark
Kol. Parkfried
Panke
Sommerbad Pankow
Kol. Alte Baumschule
Kol. Zingertal
Wald- u. Parkfriedhof Pankow Schönholz
Städtischer Friedhof Pankow
Heinrich-Mann-Platz
Bürgerpark
Güterbahnhof Schönholz
Kinder-bauernhof
Rathaus
Pankow
Reinicken-
dorf
Residenzstr.
Friedrich-Neumann-Platz
Schäfersee
Breitkopfbecken
Kol. Mariabrunn
Kol. Schillerring
Kol. der BVG
Kol. Epenstein
Kol. Scherbeneck
Kol. Sommerglück
Kol. Panke
Schönholz
Wollankstr.
Blankenburger Str.
Dietzgenstr.
Friedr.-Engels-Str.
Germanenstr.
Straße vor Schönholz
Hermann-Hesse-Str.
Heinr.-Mann-Str.
Grabbeallee
Klemkestr.
Kopenhagener Str.
Residenzstr.
Provinzstr.
Aroser Allee
Emmentaler Str.
Pankower Allee
Breite Str.
Berliner Str.
Mühlenstr.
Wollankstr.
Kreuzstr.
Schönholzer Str.
Flottenstr.
Tschaikowskistr.
Majakowskiring
Bürgerstr.
Granatenstr.
Mittelbruchzeile
Hausotterstr.
Schulzestr.
Kuhr-
Brehmestr.
Thurgauer Str.
Genfer Str.
Deutsche Str.
Stargardtstr.
Schwabstr.
Platanenstr.
Friesenstr.
Ossietzkystr.
Wolfshagener Str.
Pestalozzistr.
Cottastr.
Florastr.
Görschstr.
Heynstr.

S-Bahnhof Bornholmer Straße

Unterhalb der Brücke kann man in der **Norwegerstraße** noch die Mauer betrachten, die sowohl zum Schutz der Bahnanlagen als auch als Hinterlandmauer genutzt wurde.

Der Bezirk Pankow war übrigens Sitz der ersten DDR-Regierung, weshalb „Pankow" als Synonym für das Regime benutzt wurde. Der damalige Bundeskanzler Adenauer sprach immer verächtlich von „Pankoff". Am Majakowskiring wohnten und wohnen auch heute noch viele DDR-Größen.

Durch den Song **„Sonderzug nach Pankow"** von Udo Lindenberg – nach der Melodie des Chatanooga Choo Choo von Glenn Miller – wurde Pankow aber doch noch populär. In diesem Lied macht Udo Lindenberg frech-ironisch Erich Honecker für sein Auftrittsverbot in der DDR verantwortlich und protestiert dagegen u. a. mit der Verszeile:

"All die ganzen Schlageraffen dürfen da singen
dürfen ihren ganzen Schrott zum Vortrage bringen.
Nur der kleine Udo, nur der kleine Udo
der darf das nicht und das versteh'n wir nicht".

Blick auf die Bösebrücke am ehemaligen Grenzübergang Bornholmer Straße, 2002

Der Chorus lautet:

Ich hab 'ne Flasche Cognac mit und der schmeckt sehr lecker,
den schlürf' ich dann ganz locker mit dem Erich Honecker,
und ich sag: „Eh Honey, ich sing für wenig Money
im Republikpalast, wenn ihr mich lasst".

Zum ersten und einzigen Mal durfte Udo Lindenberg nämlich 1983 in der DDR auftreten. Er zeigte Zivilcourage im SED-Tempel, dem im Volksmund „Palazzo Prozzo" genannten „Palast der Republik", der 1976 auf dem Gelände des gesprengten Berliner Stadtschlosses eingeweiht wurde. Vor 4.000 jubelnden FDJlern forderte er nicht nur die Verschrottung der amerikanischen Atomraketen Cruise Missile und Pershing II, sondern auch die der sowjetischen SS 20. Seitdem hatte er - wie viele andere auch - Einreiseverbot in die DDR und durfte dort auch nicht auftreten.

35
34
36
Pankow
Wedding
Hinterlandmauer
Mauerpark
Max-Schmeling-Halle
Friedrich-Ludwig-Jahn-Sportpark
Falkplatz
Kinderbauernhof
Mahnmal
Tunnel „29“
Tunnel 57
Kapelle der Versöhnung
Gedenkstätte Berliner Mauer
Mauerreste Liesenstraße
Friedenskirche
Augustana-Kirche
Volkspark Humboldthain
Volkspark am Weinberg
Sophien-Kirchhof
Elisabeth-Kirchhof
Kol. Bornholm I
Kol. Bornholm II
Kol. Sandkrug
Kol. Sandkrug II
Kol. Panke
Kol. Sommerglück
Kol. Scherbeneck
Ernst-Reuter-Siedl.
Schönhauser Allee
Kastanienallee
Bernauer Str.
Brunnenstr.
Invalidenstr.
Chausseestr.
Prinzenallee
Osloer Str.
Born-holmer Str.
Wollankstr.
Mühlenstr.
Berliner Str.
Schwedter Str.
Eberswalder Str.
Gesundbrunnen
Pankstr.
Nordbahnhof
Humboldthain
Zinnowitzer Str.
Voltastr.
Bösebrücke
Gleimtunnel
Schwedter Str.
Kulturbrauerei
101

Udo Lindenbergs Wunsch im „Sonderzug nach Pankow" zu fahren, wurde erst nach dem Fall der Mauer erfüllt. Er durfte diesen Song sogar auf dem Festakt der Bundesregierung zum 10. Tag des Mauerfalls am 9. November 1999 vor dem Brandenburger Tor singen. Zehn Jahre vorher hatte ihm der Regierende Bürgermeister von Berlin, Walter Momper (SPD), im Auftrag von Bundespräsident Richard von Weizsäcker das Bundsverdienstkreuz überreicht.

Beobachtungspodest am Ende der Bernauer Straße, 1989

Bösebrücke

*Die **„Bösebrücke"** schrieb am Abend des 9. November 1989 Weltgeschichte. Die „Grenzübergangsstelle für Westberliner und Bundesbürger" war der erste Grenzübergang, der um 22.30 Uhr für alle Besucher aus dem Ostteil der Stadt geöffnet wurde. Mit Sekt und Jubelstürmen wurden sie von ihren „Brüdern und Schwestern" im Westteil der Stadt begrüßt.*

Die Bösebrücke schrieb aber auch Verkehrs-Geschichte, die eine Hinweistafel am östlichen Ende der Straßenbahnhaltestelle erklärt. Seit Anfang 1953 – also weit vor dem Mauerbau – war die Straßenbahn schon nicht mehr über die Bösebrücke gefahren, das Netz in ein östliches und ein westliches geteilt.

Ausschlaggebend dafür war die heute befremdlich anmutende Tatsache, dass damals im Westteil der Stadt das Fahren einer Straßenbahn ausschließlich Männern vorbehalten war. Die „grenzüberschreitende" Straßenbahnlinie der BVG (Ost) wurde aber von einer Frau gesteuert. Deshalb wurde sie am 15.1.1953 von Verkehrsmeistern der BVG (West) zurückgewiesen. Diese „Provokation" nahm die DDR zum Anlass, das Straßenbahnnetz zu spalten.

Erst am 14.10.1995 fuhr nach 28 Jahren über die Bösebrücke wieder eine Straßenbahn von Ost- nach West-Berlin. Heute werden sie in beiden Teilen der Stadt von Männern und Frauen gelenkt.

An den ehemaligen Grenzübergang Bornholmer Straße erinnert die akustische Sitzinstallation „Mind the Gap" von e Twin Gabriel.

Deutsche Reichsbahn

Nach dem **Potsdamer Abkommen** (1945) hatte die DDR die Verfügungsgewalt und die

Betriebspflicht über die **Deutsche Reichsbahn** – also auch über die S-Bahn – in ganz Berlin bekommen. Unmittelbar nach dem Mauerbau am 17. August 1961 hatten der West-Berliner Deutsche Gewerkschaftsbund (DGB) und weitere Organisationen zum Boykott aufgerufen. „Wer S-Bahn fährt, hilft Ulbricht" hieß die Parole. Die BVG (West) bot parallele Buslinien an. Die dramatisch abnehmenden Fahrgastzahlen machte die S-Bahnen zu „Geisterzügen", die durch West-Berlin ratterten.

Unmittelbar nach dem Bau der Mauer war eine neue Verbindungskurve zwischen den S-Bahnhöfen Pankow und Schönhauser Allee gebaut worden, die am 19.11.1961 in Betrieb genommen wurde. Der S-Bahnhof Bornholmer Straße wurde danach nicht mehr angefahren.

Auf Initiative des Regierenden Bürgermeisters Hans Jochen Vogel (23.1.-11.6.1981) und ausgelöst durch den Streik der Reichsbahner 1980, wurde mit der DDR über die Übergabe der S-Bahn verhandelt. Das jährliche Defizit für die DDR hatte etwa 130 Mio. DM betragen. Am 9.1.1984 wurde die S-Bahn im Westteil der Stadt vom Senat übernommen und von der BVG bis zur Vereinigung der „Deutschen Reichsbahn" und der „Deutschen Bundesbahn" zur DB AG am 31.12.1993 betrieben.

Mitte 2003 soll das ganze **Nordkreuz** so umgebaut sein, dass man vom S-Bahnhof Bornholmer Straße in alle vier Himmelsrichtungen fahren kann. Die alte Verbindungskurve, das alte Unterführungsbauwerk und die provisorischen Bahnsteige werden dann abgerissen.

Mauerstück Bornholmer Straße

Auf der nördlichen Seite der **Bornholmer Straße** steht noch ein ziemlich langes Mauerstück, das fast bis zur Björnsonstraße reicht und seit September 2001 unter Denkmalschutz steht. Auf der südlichen Seite steht eine Gedenktafel mit folgender Inschrift: „An der Brücke Bornholmer Straße öffnete sich in der Nacht vom 9. zum 10. November 1989 erstmals seit dem 13. August 1961 die Mauer. Die Berliner kamen wieder zusammen. Willy Brandt: „Berlin wird leben und die Mauer wird fallen."

Beim Umbau des Nordkreuzes – in drei Ebenen verlaufen die Fern- und S-Bahngleise in alle Himmelsrichtungen – wurde die östliche Verbindungskurve der S-Bahn in den Untergrund verlegt. Auf der oberirdischen S-Bahntrasse wird der Mauerpark auch über den Gleimtunnel weitergeführt. Über die Fußgänger- und Radfahrerbrücke, den Schwedter Steg, der das gesamte Nordkreuz überspannt, gelangt man zum Mauerpark auf der südlichen Seite der Bahnanlagen.

Mauerpark

Dort gibt es einen **„Kinderbauernhof im Mauerpark"**, dessen Kauf durch Spenden ermöglicht wurde. Entlang der Bahnlinien des ehemaligen Eberswalder Güterbahnhofs geht es leicht bergauf und man sieht links die **Max-Schmeling-Halle**, die anlässlich der Bewerbung Berlins zur Olympiade 2000 gebaut worden war. Wir wissen: „The winner was Sydney". Heute spielt in dieser Halle der Basketballverein Alba Berlin.

Der **Mauerpark** ist von der Max-Schmeling-Halle bis zum Gleimtunnel bereits fertig, in der Mitte mit einem befestigten Fußweg. Das Birkenwäldchen wurde nach der Wende angelegt. Die Fläche ist begrünt und mit Sandkästen, Schaukeln und anderen Spielmöglichkeiten für Kinder ausgestattet worden. Im Sommer ist das Gelände von Erholungssuchenden und Sonnenanbetern stark frequentiert.

Friedrich-Ludwig-Jahn Sportpark

Die Max-Schmeling-Halle gehört zum **Friedrich-Ludwig-Jahn Sportpark,** *in dem früher der BFC Dynamo Berlin spielte, der Lieblingsverein von Stasi-Chef Erich Mielke.*

Einen ganz anderen Charakter hatte der 1. FC Union aus Köpenick, dessen Fans Mielkes Staatssicherheitsdienst einen „Hang zu Dekadenz und Negativismus" bescheinigte. „Die Mauer muss weg!" ertönte des öfteren im Chor im heimischen Stadion in der „Alten Försterei", wenn sich die gegnerische Mannschaft beim Freistoß zum Schutzwall formierte. Und als die Fans einmal nach einem Spiel in Hennigsdorf einem sowjetischen Militärtransport begegneten, riefen sie die verbotene Losung: „Frieden schaffen ohne Waffen"

Auf höheren Befehl pfiffen die Schiedsrichter meist gegen diesen Verein, ihre besten Spieler wurden zum BFC Dynamo wegdelegiert. Trotzdem gewann „Eisern Union" 1968 den FDGB-Pokal der DDR.

Der 1. FC Union kam 2001 als Drittligist ins DFB-Pokalfinale, wo die Mannschaft im Berliner Olympiastadion von Schalke 04 mit 2:0 besiegt wurde. Weil Schalke als Tabellen-Zweiter an der Champions-League teilnahm, war „Eisern Union" der erste Amateurverein, der sich für einen europäischen Wettbewerb qualifizierte. Im selben Jahr hatte sich in Mielkes Lieblingsclub BFC Dynamo ein riesiger Schuldenberg aufgehäuft, der den Club in die Insolvenz trieb. „Eisern Union" stieg hingegen in die Zweite Bundesliga auf, schlug sich dort wacker und wurde in Anerkennung dieser Leistungen bei der Berliner Sportlerwahl 2001 - vor dem Bundesliga-Spitzenclub Hertha BSC - zur „Mannschaft des Jahres" gewählt.

Prominentester Fan von „Eisern Union" ist Nina Hagen, die Tochter der Schauspielerin und Sängerin Eva-Maria Hagen. Beide hatten die DDR zusammen mit dem langjährigen Lebensgefährten der Mutter, Wolf Biermann, verlassen, der 1976 ausgebürgert wurde. Nina, die schon als Kind mit ihrem Vater im Stadion weilte, sang vor dem Pokalendspiel die Vereins-Hymne: „Wir aus dem Osten geh´n immer nach vorn, Schulter an Schulter für Eisern Union" und den Refrain:

Mauerverschiebung am Friedrich-Ludwig-Jahn-Stadion kurz vor der Wende, 1989

„Eisern Union, Eisern Union, immer weiter ganz nach vorn, immer weiter mit Eisern Union".

Zurück zum Mauerpark. Für das gesamte Gelände des ehemaligen Güterbahnhofs gab es einen Wettbewerb. Die breite Wiesenfläche, das Amphitheater, die Steine und die angepflanzten Bäume sind Bestandteil des ausgewählten Konzepts. Die Hinterlandmauer auf der westlichen Dammkrone zum Sportstadion steht unter Denkmalschutz.

Als mit den Bauarbeiten begonnen wurde, fand man die alte **Schwedter Straße** unter dem Kies. Sie wurde entlang der Max-Schmeling-Halle und dem Sportplatz, wo noch Segmente der Hinterlandmauer zu sehen sind, im Originalzustand belassen. Im Juli 1988 hatte die DDR hier begonnen, die Mauer aufgrund eines Gebietsaustausches um 50 Meter nach Westen zu verschieben.

Bernauer Straße – Blick vom Stand an der Ackerstraße, 1989

Bernauer Straße

Der Mauerpark stößt auf die **Bernauer Straße**, die 28 Jahre lang von der Eberswalder Straße getrennt war. Man kann im Westen die Wendeschleife der Busse und im Osten die der Straßenbahn erkennen. Hier standen mitten auf der Straße auch das Beobachtungspodest, das vielen Touristen und Berlinern den Blick von West nach Ost über die Mauer ermöglichte. Auf der südlichen Seite der Bernauer Straße sieht man eine wild gewachsene Baumreihe, hinter der die Mauer stand. Der Mauerstreifen ist an dieser Stelle noch eine Brachfläche, der Kolonnenweg wird als Fußweg genutzt.

Bernauer Straße

Auf zahlreichen Hinweistafeln werden die Ereignisse aus den Tagen nach dem 13. August 1961 in Erinnerung gerufen, als sich die Menschen aus den oberen Stockwerken in den Westen abseilten. Man sieht, wie DDR-Volkspolizisten im September 1961 versuchten, die 77-jährige Frieda Schulze, die aus ihrem Fenster fliehen wollte, an ihren Händen zurückzuziehen. Beherzte West-Berliner zogen sie an den Beinen in das Sprungtuch der Feuerwehr.

Hinter der Wendeschleife erinnert eine Tafel an die 58-jährige Ida Siekmann, die am 22.8.1961 aus dem Fenster ihrer Wohnung im 3. Stock der Bernauer Straße 48 auf den Bürgersteig des westlichen Bezirks Wedding gesprungen ist. Dabei erlitt sie tödliche Verletzungen.

Auf der Ost-Berliner Seite der Bernauer Straße wurden zunächst die Fenster in den unteren Stockwerken zugemauert. Nach der zwangsweisen Evakuierung sämtlicher Bewohner wurden die Häuser bis auf das Erdgeschoss abgetragen und dienten noch viele Jahre als „vordere Sperrmauer".

An der Swinemünder/Bernauer Straße steht auf der nördlichen Seite ein Gedenkstein mit den Namen von zehn Maueropfern.

Die Hinweistafel an der **Bernauer/Ruppiner Straße** erinnert an die Flucht des Volkspolizisten Conrad Schumann, der am 15. August 1961, zwei Tage nach dem Mauerbau, über eine Stacheldrahtrolle in den Westen sprang. Das Foto des flüchtenden Grenzposten ging um die Welt.

Im Herbst 2000 wurde der **„Tunnel 29"** zwischen den Häusern Bernauer Straße 73 und Schönholzer Straße 7 wiederentdeckt. Er hatte 29 Ost-Berlinern am 14.9.1962 zur Flucht verholfen. Der amerikanische Fernsehsender NBC hatte dieses Fluchtunternehmen damals im Bild festgehalten.

Die Tafel an der Bernauer/Strelitzer Straße erinnert an den **„Tunnel 57"**, den junge West-Berliner, die meisten von ihnen waren aus der DDR geflüchtete Studenten, seit dem 10.4.1964 unter Mauer und Grenzstreifen hindurch gegraben hatten. Der Ausstieg auf West-Berliner Seite befand sich im Keller einer stillgelegten Bäckerei in der Bernauer Straße 97, der Einstieg im Hof des Hauses Strelitzer Straße 55. Am 3. und 4. Oktober 1964 gelangten 57 Menschen mit Hilfe des zwölf Meter tiefen und 140 Meter langen Tunnels von Ost- nach West-Berlin.

Die Strelitzer Straße wurde zu DDR-Zeiten nach dem angeblich von Fluchthelfern erschossenen Grenzsoldaten in Egon-Schulze-Straße umbenannt. Nachdem die Stasi-Unterlagen eingesehen werden konnten, stellte sich heraus, dass die offizielle DDR-Version falsch war. Egon Schulze wurde nicht von einem Fluchthelfer, sondern von den eigenen Grenzsoldaten erschossen.

Versöhnungskirche

Westlich der Strelitzer Straße ist eine **ovale Kirche** im Mauerstreifen entstanden, die eine besondere Geschichte hat. Sie ist mit der **Evangelischen Versöhnungsgemeinde** und dem Namen von Pfarrer Manfred Fischer ver-

Die Versöhnungskirche mit Häuserresten, die als Mauer dienten, Ende der 70er Jahre

36
35
1
37
107
Wedding
Moabit
Volkspark Humboldthain
Kirchhof der Dorotheenstädtischen Gemeinde
Mauerreste
Kirchhof der St. Hedwigs-gemeinde
Kirchhof der französischen Gemeinde
Hinterland-mauer
„Tunnel 57"
Kapelle der Versöhnung
Gedenkstätte Berliner Mauer
Wachturm Kieler Straße
Hinterlandmauer Invaliden Friedhof
Denkmal der versunkenen Mauer
Brechthaus
Museum f. Gegenwart
Übergang Invaliden-straße
Gedenkstein (Günter Liftin 1. Maueropfer)
Ernst-Reuter-Siedl.
Universitätsklinikum Rudolf Virchow
Bundesgesundheitsamt
Bundesforschungsanstalt
Zahnklinik Nord
Techn. Fh. Berlin
Stadtbad Wedding
Humboldthain
Amrumer Str.
Wedding
Weddingpl.
Reinickendorfer Str.
Schwarzkopffstr.
Voltastr.
Bernauer Str.
Nordbahnhof
Zinnowitzer Str.
Oranienburger Tor
Oranienburger Str.
Westhafen
Birkenstr.
Turmstr.
Lehrter Stadtbahnhof
Kraftwerk Moabit
Güterbahnhof Moabit
Polizeidirektion
Amtsgericht
Lehrter Güterbahnhof
Erika-Heß-Eisstadion
Bundeswehr Krankenhaus
Nordhafen
Nordhafenbrücke
Fennbrücke
Mettmannplatz
Humboldt-Universität
BM f. Wirtschaft Technik
BM f. Bildung u. Forschung
Krankenhaus Charité
Max-Planck-Inst. f. Infekt.biol.
Deutsches Theater
Friedrichstadtpalast
Stilles Museum
St.-Hedwig Krkhs.
Augustana-Kirche
Friedenskirche
Lazarus-krkhs.
Krankenhaus Moabit
Haus d. Gesundheit
Poststadion
Sommerbad Poststadion
Stadtbad Tiergarten
Fritz-Schloß-Park
Kleiner Tiergarten
Landgericht
Justizvollzugsanstalt Moabit
Bundesministerium des Inneren
H.-Zille-Sdlg.
Luxemburger Str.
Müllerstr.
Fennstr.
Sellerstr.
Heidestr.
Perleberger Str.
Rathenower Str.
Stromstr.
Pulitzbrücke
Föhrer Str.
Chausseestr.
Invalidenstr.
Brunnenstr.
Torstr.
Gartenstr.
Ackerstr.
Alt Moabit
Berlin-Spandauer-Schiffahrtskanal
Panke
3,5
3
2

Sprengung der Versöhnungskirche, 28.01.1985

bunden. Die Gemeinde hat ihren Sitz in der Bernauer Straße 111, in deren Räumen das „Dokumentationszentrum Berliner Mauer" immer wieder mit verschiedenen Ausstellungen an die Spaltung der Stadt erinnert.

Wo sich heute die "Kapelle der Versöhnung" befindet, hatte bis 1985 die „Versöhnungskirche" gestanden. Das Konsistorium der Evangelischen Kirche in der DDR mit seinem Präsidenten Manfred Stolpe, dem späteren Ministerpräsidenten von Brandenburg, hatte das Einverständnis zur Sprengung dieser Kirche gegeben. Die SED wollte die Zerstörung dieser Kirche auch weil ihr das Symbol „Versöhnung" verhasst war.

Nach dem Fall der Mauer hat die Kirchengemeinde in Erinnerung an diesen barbarischen Akt auf den Fundamenten der Versöhnungskirche den **ovalen Lehmbau** mit einem Wandelgang hinter einer Holzlamellenfassade errichtet. Einige Bestandteile der alten Kirche – eine Kirchenbank, der Altar, das abgestürzte Turmkreuz und die Glocken – konnten gerettet werden und sind in den Lehmbau integriert worden. Die ebenfalls gerettete Christusstatue wurde vor der **Gethsemané-Kirche** aufgestellt. Dort soll sie auch bleiben, denn diese Kirche war zu Mauerzeiten Hort der DDR-Opposition. Am 9. Oktober 1989 fand in der Gethsemané-Kirche eine Friedensandacht mit 3.000 Menschen statt.

Am 9.11.1999, auf den Tag genau 10 Jahre nach dem Mauerfall, wurde Richtfest gefeiert, am 9.11.2000 wurde die **„Kapelle der Versöhnung"** eingeweiht.

Gedenkstätte Bernauer Straße

Um die **„Gedenkstätte"** in der Bernauer Straße gab es heftige Auseinandersetzungen. Der Senat wollte hier unbedingt den Innenstadtring für den Autoverkehr sechsspurig ausbauen, in beiden Richtungen mit je zwei Fahrbahnen und einer Parkspur. Dagegen sprachen aber die Pläne für die Gedenkstätte. Schließlich setzte sich die Bundesregierung durch und legte fest, dass in der Bernauer Straße ein Teilabschnitt von zirka 200 Metern originaler Mauer erhalten bleiben sollte.

Die Versöhnungsgemeinde hatte sich dafür eingesetzt, dass der gesamte Grenzstreifen authentisch erhalten bleibt. Zunächst waren auch die Bundesregierung und der Senat dafür, Mauer und Grenzanlagen auf einer Länge von 210 Metern authentisch zu erhalten. Doch Pfarrer Johannes Hildebrandt von der Nachbargemeinde wollte die Mauer gänzlich verschwinden lassen. Als Kompromiss wurde die **„Gedenkstätte Bernauer Straße"** gebaut, keine gelungene Version, weil sie künstlich ist. Es wäre besser gewesen, die Idee von Willy Brandt aufzugreifen und hier den gesamten Grenzstreifen authentisch für die Nachwelt zu erhalten.

Die „Gedenkstätte Bernauer Straße" ist mit den erhaltenen Mauersegmenten verbunden. Teile davon waren leider schon eigenmächtig entfernt worden.

Sophienfriedhof

Südlich der Gedenkstätte befindet sich der **Sophienfriedhof,** der durch die Mauer abgeschnitten war. Der Kolonnenweg ist dort noch erhalten, die Lichtmasten stehen noch und die entfernten Teile der Mauer sind ebenfalls alle noch verfügbar. Man sieht auch noch Teile der

Ovaler Lehmbau als Erinnerung an die gesprengte Versöhnungskirche, 2001

Hinterlandmauer mit dem Weg zwischen Mauerstreifen und Friedhof . Dort ist ein Grenzstein mit folgender Inschrift:

"Gedenkstätte für die Opfer des Zweiten Weltkrieges und der Deutschen Teilung. Es soll nicht durch Heer oder Kraft, sondern durch meinen Geist geschehen, spricht der Herr Zebaoth (Sach. 4,6)".

Die Sophiengemeinde hat ein kleines Stück ihrer Friedhofsmauer vor der Berliner Mauer wieder aufbauen lassen. Der Bürgersteig ist aber noch aus Mauerzeiten original erhalten.

Die Stiftung „Lazarus" betreibt an der Gartenstraße/Bernauer Straße ein Seniorenheim. Mit dem Argument, man könne den alten Leuten nicht zumuten, die Mauer nach ihrem Fall noch weiterhin anschauen zu müssen, konnte sie eine Gedenkstätte im Originalzustand letztendlich verhindern.

Gegenüber der Bergstraße erinnert ein senkrechter Eisenträger an **Ernst Mundt,** der am 4.9.1962 versucht hatte, die Mauer vom Sophienfriedhof aus zu überwinden. Auf der Friedhofsmauer wurde er durch einen Kopfschuss getötet. Eine Gedenktafel im Gehweg erinnert daran.

Einige Grundstücke im Mauerstreifen wurden den ehemaligen Eigentümern zurückgegeben und mit neuen Häusern bebaut. In der Nähe der Brunnenstraße sieht man zwischen

Gedenkstätte in der Bernauer Straße, 2002

den Häusern noch Teile der Hinterlandmauer. In den Seitenstraßen taucht die doppelte Kopfsteinpflasterung immer wieder auf. Die vielen Kreuze, die früher an der Bernauer Straße standen und auf die zahlreichen Toten hinwiesen, sind archiviert. Ihre Namen befinden auf dem erwähnten Gedenkstein.

Gartenstraße

Die Bernauer Straße stößt auf die **Gartenstraße**, über die die Mauer – man erkennt die doppelte Kopfsteinpflasterung – seinerzeit geführt wurde.

Nordbahnhof

Der nördliche Zugang zum S-Bahnhof war damals zugemauert. Heute steht dort eine Hinweistafel mit dem Übersichtsplan über die Bernauer Straße. Nach allem, was diese Straße erlebt hat, ist es sicher kein Zufall, dass in diesem Grenzabschnitt am 13. Juni 1990 der offizielle Abriss der von der DDR-Regierung „antifaschistischer Schutzwall" genannten Berliner Mauer begann. Hier, und nicht vor den Geldinstituten am Alexanderplatz, tanzte in der Nacht zum 1. Juli 1990 die DDR-Bürgerrechtlerin Marianne Birthler ausgelassen vor Freude über die vollbrachte Wende. Denn an diesem Tag wurde nicht nur die Deutsche Mark alleiniges Zahlungsmittel in der DDR, sondern auch die letzte Grenzkontrolle abgebaut, womit nach 28 Jahren die Freizügigkeit zwischen Ost- und West-Berlin vollständig wieder hergestellt worden war.

Marianne Birthler, Mitglied der ersten frei gewählten Volkskammer der DDR, wurde nach der Wende Brandenburgische Bildungsministerin (1990-1992) im rot-grün-gelben Ampel-Kabinett von Manfred Stolpe, danach Bundesvorstandssprecherin von Bündnis 90/Die Grünen (1993-94) und ist seit dem 29.09.2000 die „Bundesbeauftragte für die Unterlagen des Staatssicherheitsdienstes der DDR" in der nach ihrem Vorgänger benannten Gauck-Behörde.

Heute ist der S-Bahnhof wieder von allen Seiten zugänglich. Ein Aufzug existiert am südlichen Bahnsteigende.

Vom südlichen Zugang mit Aufzug fährt man links in die **Gartenstraße**, am nördlichen Zugang vorbei entlang der alten Bahnhofsmauer. Auf der Höhe der **Feldstraße** ist noch ein großes Eingangsportal zu sehen, das an längst vergangene Zeiten erinnert. Der **Nordbahnhof** – ehemals Stettiner Bahnhof – stammt aus der Zeit, die eisenbahntechnisch durch die vielen Berliner Kopfbahnhöfe geprägt war. Auf dem Gelände des Fernbahnhofs ist der Bau von Bürohäusern, die Verlängerung der Straßenbahn durch die Bernauer Straße zur Invalidenstraße, eine Grünanlage und ein Sportplatz in Vorbereitung. Fern- und Regionalzüge aus den nördlichen Richtungen werden nämlich ab 2006 – so hofft man – über den Bahnhof Gesundbrunnen zum neuen Lehrter Bahnhof geleitet.

zugemauerter S-Bahn-Zugang am Nordbahnhof, 1989

Den hinter der Bahnhofsmauer befindlichen Grenzstreifen mit einem Stück denkmalgeschützter Hinderlandmauer kann man bei einem kleinen Umweg über die Invalidenstraße besichtigen. Die denkmalgeschützte Hinterlandmauer auf dem Grundstück Pflugstraße 1-8a wird sichtbar am Ende der Schwarzkopffstraße.

Kirchhof der St. Hedwigsgemeinde

An der **Liesenstraße** direkt hinter der Brücke am Bahndamm ist noch ein Restbestand der Mauer vorhanden, die sich auf dem alten **Kirchhof der St. Hedwigsgemeinde** befand. Entlang der Grundstücksgrenze stehen an der Liesenstraße/Gartenstraße denkmalgeschützte Teile der Hinterlandmauer. Dieser Friedhof war Teil des Grenzstreifens und konnte zu DDR-Zeiten nur mit Sondererlaubnis über den Hinterhof eines Mietshauses in der Wöhlertstraße betreten werden. Mittlerweile sind die Friedhofsmauern saniert worden. Der Friedhof ist auf der östlichen Seite begrenzt durch die Hinterlandmauer. Die Nord-Süd-S-Bahn fuhr auch zu Mauerzeiten, die S-Bahnstationen

S-Bahn-Zugang am Nordbahnhof 2002

Nordbahnhof, Oranienburger Straße, Unter den Linden und Potsdamer Platz waren bewachte **„Geisterbahnhöfe"**, die ohne Halt durchfahren wurden.

Kirchhof der französischen Gemeinde

Auf der nördlichen Seite der Liesenstraße liegt der Kirchhof der Dorotheenstädtischen Gemeinde. Auf der südlichen Seite befindet sich der Kirchhof der St. Hedwigsgemeinde, der westlich an den Kirchhof der **Französischen Gemeinde** *grenzt. Dort ist noch ein Teil der Hinterlandmauer zu sehen. Auf dem Französischen Friedhof liegt* **Theodor Fontane (1819-1898)** *begraben, dessen Roman „Effie Briest" und die „Wanderungen durch die Mark Brandenburg" auch heute noch viel gelesen werden. Am Ende des Friedhofs, 20 Meter vom Grenzstreifen entfernt, ist seine Grabstätte. Sie wäre durch den Mauerbau fast zerstört worden.*

Übergang Chausseestraße für West-Berliner

Die Friedhofsmauer kann man von der S-Bahn aus gut sehen. An der Liesen-/ Chausseestraße ist der Mauerstreifen noch Brachland. Eine Tafel weist auf den **„Übergang Chausseestraße für West-Berliner"** hin. In den Bürgersteig ist die doppelte Kopfsteinpflasterreihe eingelassen. Sie führt quer über die Chausseestraße. Von der Hinterlandmauer ist noch ein Stück zu sehen.

Grenzstreifen auf dem Friedhof Liesenstraße, 1989

„Kaninchenzeichen"

Als originelles Ergebnis eines **Kunstwettbewerbs** *sind die „Kaninchenzeichen" von Carla Sachse, etwa 100 springende, hüpfende und hockende* **Kaninchen**, *als Bronzeintarsien in voller Breite und Länge des ehemaligen Grenzstreifens in die Fahrbahn der Chausseestraße eingelegt worden. Das schwer zu findende Hinweisschild befindet sich an einem Laternenmasten auf der östlichen Seite der Chausseestraße. Erinnern will die Künstlerin daran, dass während der Mauerzeit nur die Kaninchen ungehindert von Ost nach West und von West nach Ost gelangen konnten.*

Wolf Biermann

In der Chausseestraße 131 wohnte übrigens bis zu seiner Ausbürgerung 1976 der Schriftsteller und Liedermacher **Wolf Biermann**. *Er wurde 1936 als Sohn eines 1942 in Auschwitz ermordeten jüdischen Kommunisten geboren. Biermann zog 1953 von Hamburg nach Ost-Berlin, studierte Philosophie und Mathematik an der Humboldt-Universität, arbeitete als Theaterregisseur und hatte von 1962-65 öffentliche Auftritte mit Balladen, Gedichten und Liedern sowohl in der DDR als auch in West-Deutschland. Nachdem 1965 „Die Drahtharfe" erschien, wurde er auf dem 11. Plenum des ZK der SED wurde er 1965 diffamiert als „Kettenhund der Reaktion", der sich „mit den Mördern seines Vaters verbündet". Er erhielt absolutes Publikations- und Auftrittsverbot in der DDR. Seine Werke erschienen aber im Westen und – als*

Untergrundliteratur – auch im Osten Europas.

Das dem Schriftsteller Peter Huchel gewidmete Lied „Ermutigung“ war zweifelsohne sein bekanntestes Lied in der DDR. Die erste Strophe lautet:

„Du, lass dich nicht verhärten
In dieser harten Zeit
Die allzu hart sind, brechen
Die allzu spitz sind, stechen
Und brechen ab sogleich“

Zusammen mit seinem Freund, dem Kommunisten und Physiker Robert Havemann, wurde Biermann zur Integrationsfigur einer sozialistischen Opposition gegen den Feudalsozialismus in der DDR. Am 16. November 1976 wurde ihm nach einem Konzert, das er vor 7000 Menschen in Köln auf Einladung der IG Metall gab, die Wiedereinreise verweigert – obwohl ihm vorher die Rückkehr zugesichert worden war. Wolf Biermann wurde die Staatsbürgerschaft der DDR aberkannt und aus der DDR ausgebürgert. Darauf folgte eine nie dagewesene Protestbewegung von Schriftstellern, Künstlern und Bürgern in der DDR.

Grenzübergang Chausseestraße, 1989

Die „Ballade vom Preußischen Ikarus“, das Platten-Cover zeigt das Geländer der Weidendammer Brücke mit dem Preußischen Adler, war das letzte in der DDR geschriebene Lied. In der dritten Strophe heißt es:

„Und wenn du wegwillst, musst du gehn
Ich hab schon viele abhaun sehn
Aus unserm halben Land
Ich halt mich fest hier, bis mich kalt
Dieser verhasste Vogel krallt
Und zerrt mich übern Rand“

"Deutsches Miserere", sein erstes Lied nach der Ausbürgerung, widmete er Ernst Bloch. Die erste Strophe lautet:

„Und als ich von Deutschland
nach Deutschland
Gekommen bin in das Exil
Da hat sich für mich geändert
So wenig und ach so viel
Ich hab ihn am eigenen Leibe
Gemacht den brutalen Test
Freiwillig von Osten nach Westen
Gezwungen von Ost nach West“

Der 1762 angelegte „Friedhof der Dorotheenstädtischen und Fiedrichswerderschen Gemeinden“ befindet sich auch in der Chausseestraße 126. Er gehört mit seinen unzähligen Grabstätten namhafter Persönlichkeiten zu den bedeutendsten Friedhöfen Berlins.

Diesen „Hugenottenfriedhof“, der unmittelbar in der Nähe seiner Wohnung lag, besang Wolf Biermann zu seinen DDR-Zeiten mit folgender Strophe:

"Da liegt allerhand große Leute

Und liegt auch viel kleine Leut
Da stehn riesengroße Platanen
Dass es die Augen freut"

Der Refrain lautet:

"Dann freun wir uns und gehen weiter
Und denken noch beim Küssegeben:
Wie nah sind uns manche Tote, doch
Wie tot sind uns manche, die leben

Auf diesem Friedhof befinden sich u. a. die Grabstätten von dem Bildhauer Gottfried Schadow, dem Architekten Karl Friedrich Schinkel, dem Maler John Heartfield, dem Philosophen Georg Wilhelm Friedrich Hegel, den Künstlern Bertolt Brecht und Helene Weigel, dem Komponisten Hanns Eisler, den Schriftstellern Heinrich Mann und Arnold Zweig. Hier liegt auch das Ehrengrab von Ernst Theodor Amandus Litfaß (1816-1874), der nach seiner Erfindung der Litfaß-Säule weltberühmt wurde.

Boyenstraße

In der **Boyenstraße**, dem früheren Grenzstreifen, taucht die Doppelpflasterung im

„Kaninchenzeichen", 2002

Parkstreifen wieder auf. Nördlich davon befindet sich in Erinnerung an die **Weddinger Bürgermeisterin Erika Hess** (1981-1986) das gleichnamige Stadion und der schon zu Mauerzeiten errichtete asphaltierte Rad- und Wanderweg.

Walter-Nicklitz-Promenade

Die **Walter-Nicklitz-Promenade** wurde nach dem Fall der Mauer erweitert und mit einem Geh- und Radweg durch den Grenzstreifen bis hin zum Berlin-Spandauer-Schifffahrtskanal versehen. Die Promenade hat die Deutsche Bahn AG finanziert. Ein Gedenkstein vor der alten Platane erinnert daran.

Da die Uferpromenade mit Kopfsteinpflaster gestaltet ist, empfiehlt sich für den Radfahrer der Weg über die **Scharnhorststraße** am Bundeswehrkrankenhaus vorbei.

Kieler Straße

Danach biegt man in die **Kieler Straße** ein, an deren Ende noch ein alter Wachturm zu sehen ist, der unter Denkmalschutz steht. Es war möglich, mit den privaten Eigentümern des Eckhauses eine Vereinbarung zu treffen, so dass der ehemalige Grenzweg weiterhin begehbar und der Wachturm erhalten bleibt. Auf einer Stelltafel wird die Geschichte vom **Berlin-Spandauer-Schifffahrtskana**l erläutert, ein Gedenkstein erinnert an die Berliner Mauer.

Invalidenfriedhof

Hinter den Häusern stößt man auf den 1748 eingeweihten Invalidenfriedhof. Mit seinen einst 3000 Gräbern ist er ein 250-jähriges Abbild preußischer und deutscher Geschichte. Hier liegt neben dem General Winterfeldt auch der preußische Heeresreformer Gerhard Johann David von Scharnhorst begraben, der Erfinder der Wehrpflicht (1841). In der DDR war er Namensgeber für die höchste militärische Auszeichnung. Nicht weit von seiner, nach Entwürfen von Karl-Friedrich Schinkel gestalteten Grabstätte, befindet sich das Grab von Graf Tauentzien, der vom preußischen König den Beinamen „von Wittenberg" erhielt – für seine Verdienste in der Schlacht bei Dennewitz. Dort hatte er die Festung Wittenberg zusammen mit Bülow und Borstell für Preußen wieder zurückerobert.

Wachturm Kieler Straße, 2000

Um die Distanz zu Preußen zu dokumentieren, ließ die DDR nach 1945 die meisten Gräber abräumen, den Friedhof sperren und 1961 durch die Mauer brutal teilen. Hinterlandmauer und Kolonnenstreifen sind noch fast vollständig erhalten. Nach der Wende wurden viele der zerstörten Grabplatten und Grabstätten ebenso wie große Teile der Friedhofsmauer zum Schifffahrtskanal wieder erneuert.

Aber nicht nur Krieg und Militär, sondern auch Kunst und Kultur liegen hier janusköpfig eng beieinander. Der Invalidenfriedhof ist heute auch eine Art Freilichtmuseum für preußische Geschichte mit pathetischen Denkmälern, auf die eine Gedenktafel hinweist. Das Fahrradfahren ist auf dem Friedhof nicht gestattet.

In der Nähe des Invalidenfriedhofs wurde am 24.8.1961 mit Günter Litfin nicht nur der erste Flüchtling erschossen, sondern mit dem Unteroffizier Peter Göring am 24.5.1962 auch der erste Grenzsoldat. Als Peter Göring das Feuer auf einen Flüchtling eröffnet hatte, wurde er durch einen West-Berliner Polizeibeamten erschossen.

Invalidenstraße

Durch ein Tor gelangt man zum Schifffahrtskanal und über eine Uferpromenade zur **Invalidenstraße**. Auf dem Dach des Bundesministeriums für Wirtschaft und Technologie ist Europas größte **Gebäude-Solaranlage** installiert worden.

Sandkrugbrücke

Am Ende des Uferwegs erreicht man die zu Beginn der 90er Jahre erneuerte **Sandkrugbrücke**. Eine Hinweistafel erinnert an das erste Maueropfer, Günter Litfin, und an den am 12.5.1963 gescheiterten Fluchtversuch von 12 jungen Männern und Frauen mit einem Autobus am „Übergang Invalidenstraße für Westberliner". An den ehemaligen Grenzübergang Invalidenstraße erinnert das Bodenmosaik „Schattenbilder" von Gabriele Basch im nördlichen Gehweg der Sandkrugbrücke.

Hamburger Bahnhof

Auf der westlichen Seite des Kanals befindet sich der frühere **Hamburger Bahnhof**, der heute ein Museum für moderne Kunst ist. Wegen der Baumaßnahmen im Bereich Lehrter Bahnhof kann man zur Zeit im Grenzstreifen nicht weiterfahren. Es bleibt zu hoffen, dass später eine Uferpromenade zwischen Humboldthafen und

Der geteilte Invalidenfriedhof, 2000

der Charité realisiert wird.

Bis dahin muss man nach links in die Invalidenstraße bis zur **Scharnhorststraße** *fahren. Auf dem großen Platz ist das* **„Denkmal der versunkenen Mauer"** *von Christophe Girot zu besichtigen.*

Robert-Koch-Platz

Am **Robert-Koch-Platz** *weist eine Büste von Louis Tuaillon auf den großen Mediziner hin: „Dem siegreichen Führer im Kampf gegen Seuche und Tod" und auf der Rückseite „Dem bahnbrechenden Erforscher der Krankheitserreger". Hinzugefügt ist auch ein Zitat von Robert Koch (1843-1910): „Ich wünsche, dass im Kriege gegen die kleinsten aber gefährlichsten Feinde des Menschengeschlechts eine Nation die andere immer wieder überflügeln möge."*

Über den Platz vor dem Neuen Tor führt der Weg weiter durch die Luisenstraße entlang der **Charité**, *dem traditionsreichen Berliner Universitätskrankenhaus, in die* **Reinhardtstraße**.

Charité

Nach der Unterquerung der Bahntrasse gelangt man über die vom spanischen Architekten Santiago Calatrava entworfene neue **Kronprinzenbrücke** zu den Bundestagsbauten und zum **Bundeskanzleramt**. Das blaue Gebäude direkt hinter der Brücke ist der Bundestags-Kindergarten. Von der Kronprinzenbrücke aus ist schon die neue Trasse von Fern- und S-Bahn am Kreuzungsbahnhof Lehrter Bahnhof zu sehen.

Wargin-Denkmal

Neben dem neuen Gebäude, dem Bundespressehaus, verbirgt sich Ben Wargins beeindruckendes Denkmal, sein **„Parlament der Bäume gegen Krieg und Gewalt"**. *Er hat es in der Wendezeit gestaltet, als sich für das Niemandsland des Grenzstreifens keiner verantwortlich fühlte. Wargin benutzte die*

Wargin-Denkmal – „Parlament der Bäume gegen Krieg und Gewalt", 1989

einzelnen Segmente der Hinterlandmauer – die Grenze verlief am westlichen Spreeufer – um auf ihnen das Jahr und die Anzahl der Mauertoten aufzulisten. Er ergänzte die Dokumentation durch Bilder und Gedichte. Zu seinem Kunstwerk gehörten drei Bereiche: die 16 Bäume, die von den Ministerpräsidenten gepflanzt wurden und die 16 Bundesländer symbolisieren sollten, das grüne Denkmal „Europa Erde werde", das dem Neubau des Bundespressehauses weichen musste, und das Ensemble der 400 Bäume. Diese wurden im Herbst 1990 von den Senatorinnen und Se-

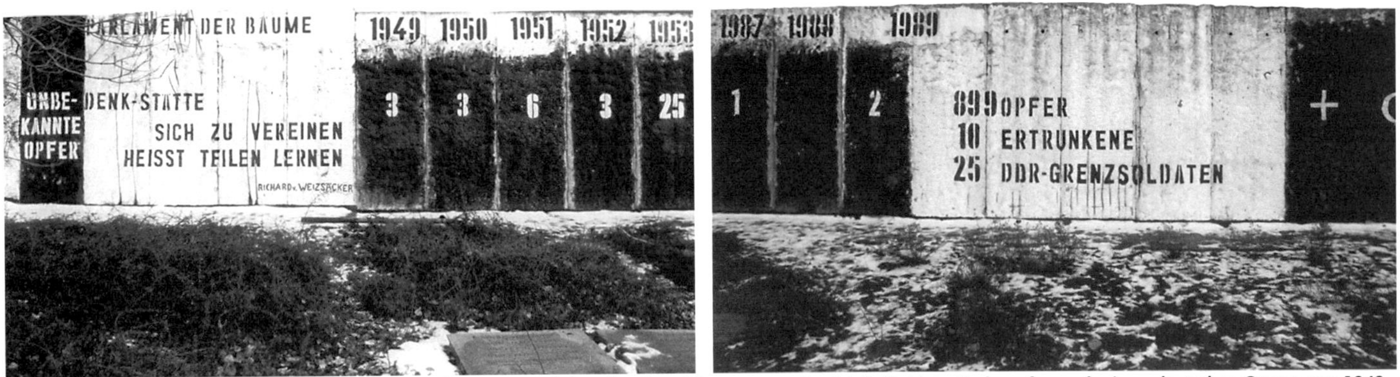

Ben Wargins „Parlament der Bäume gegen Krieg und Gewalt" Auf den einzelnen Mauersegmenten ist die Zahl der Todesopfer an der innerdeutschen Grenze von 1949 bis 1989 genannt. 1990

natoren aus Ost- und West-Berlin zusammen mit der Parlamentspräsidentin des deutschen Bundestags Rita Süßmuth und zahlreichen Bundestagsabgeordneten anlässlich der 1. Plenarsitzung im Reichstagsgebäude entlang dem Kolonnenweg gepflanzt. Von diesen 400 Bäumen sind heute noch 100 erhalten.

Von der alten Kronprinzenbrücke aus war am 24. August 1961 der erste Flüchtling erschossen worden, der 24-jährige Schneider Günter Litfin. Er hatte versucht, durch den Humboldthafen an das West-Berliner Friedrich-List-Ufer zu schwimmen.

Ben Wargin wollte noch auf ein anderes Ereignis hinweisen, nämlich auf den Tod sowjetischer Soldaten, die am 30. April 1945 den Reichstag erstürmt hatten. In der irrigen Annahme, dass die Deutschen den Reichstag bereits vor der Erstürmung geräumt hätten, traten sie den Rückweg in ihr Quartier in der gegenüberliegenden Schweizer Botschaft ohne weitere Vorsichtsmaßnahmen an. Im Obergeschoss des Reichstags hatten sich aber Elite-Einheiten der SS verschanzt. Als die sowjetischen Soldaten über die Kronprinzenbrücke an das andere Spreeufer gingen, wurden sie aus dem Hinterhalt erschossen. Auch ihnen zum Gedenken hat Ben Wargin sein „Parlament der Bäume gegen Krieg und Gewalt" geschaffen.

Leider wurde sein Mahnmal nicht unter Denkmalschutz gestellt. Deshalb war es auch nicht verbindlicher Planungsbestandteil für das

„Parlament der Bäume gegen Krieg und Gewalt", 1990

Marie-Elisabeth-Lüders-Haus, in dem u.a. die Bibliothek und das Archiv des Bundestages untergebracht worden ist. In Abstimmung mit dem Künstler wurden aber Teile seines Mauermahnmals in die Bibliothek integriert.

Auf der großen Freifläche hatten 1945 viele sowjetische Soldaten den Tod gefunden. Während der Spaltung wurden hier mehrere Flüchtlinge und auch ein Grenzsoldat erschossen. In der Nachkriegszeit waren auf diesem Gelände Kartoffeln angebaut worden. Nur ein einziger Baum, eine Eiche, ist aus dieser Zeit noch übrig geblieben. Ben Wargin setzt sich dafür ein, sie unter Denkmalschutz zu stellen.

Schweizer Botschaft

Die **Schweizer Botschaft** ist das einzige Gebäude, das die Bombenangriffe des Krieges an dieser Stelle überlebt hat. Sie liegt an der Otto-von-Bismarck-Straße, die in die Konrad-Adenauer-Straße mündet. Die als Straßentunnel in den Untergrund verlegte ehemalige Entlastungsstraße führt zum Bundeskanzleramt in der Willy-Brandt-Straße 1.

Das von Axel Schultes und Charlotte Frank geplante Bundeskanzleramt nimmt im städtebaulichen „Band des Bundes" den Dialog zur Architektur des Umfelds auf. Es ist ein Gesamt-Ensemble, das mit Brücken das West- und Ostufer der Spree verbindet und so symbolisch die Überwindung der ehemaligen Grenze zischen Ost und West darstellt.

Das Band des Bundes legt sich wie ein Verband über die Wunden, die die Stadthälften getrennt hatten. Hier wollte Hitler einst das Kulturzentrum seiner projektierten Reichshauptstadt „Germania" errichten. Der Spreebogen sollte das nördliche Ende der Nord-Süd-Achse bilden. Er beauftragte seinen

„Parlament der Bäume gegen Krieg und Gewalt", 2002

„Generalbauinspektor für die Reichshauptstadt" Albert Speer, dort die „Große Halle des Volkes" mit einem Fassungsvermögen für 100 000 Menschen zu bauen. Mit einer Kuppelhöhe von 290 Metern hätte sie – ganz im Sinne des Diktators – das Reichstagsgebäude und das Brandenburger Tor auf die Größe einer Hundehütte reduziert. Die „Große Achse", eine 120 Meter breite und von Kolossalbauten gesäumte sieben Kilometer lange Aufmarschallee, sollte sich bis zum Triumphbogen am Tempelhofer Flughafen erstrecken. Diese Prachtstraße, eine „bombastische Rollbahn des Bösen", so der Architektur-Kritiker der Süddeutschen Zeitung, Gottfried Knapp, wurde durch das Band des Bundes endgültig überwunden.

Das Bundeskanzleramt erfüllt nicht nur die architektonischen und städtebaulichen Anforderungen im wiedervereinten Deutschland, es wird auch den veränderten historischen, politischen und kulturellen Dimensionen gerecht. Im inneren westlichen Spreebogen befindet sich der Leitungs- und Verwaltungsbereich, weiter westlich erstreckt sich jenseits des Spreeufers der Kanzlergarten und der Kanzlerpark.

Das Bundeskanzleramt besteht aus einem fünfgeschossigen Verwaltungsgebäude mit einer Traufhöhe von 18 Metern, ist parallel zur Nord- bzw. Südallee ausgerichtet und wird vom zentral angeordneten 36 Meter hohen Kubus des Leitungsgebäudes geprägt. Hier sind neben dem Bundeskanzleramt und dem Chef des Bundeskanzleramtes die Büros der Staatsminister, die Kabinettsäle sowie das Lagezentrum untergebracht. Staatsgäste werden auf dem Ehrenhof empfangen. Die Erschließung erfolgt über die Nordallee.

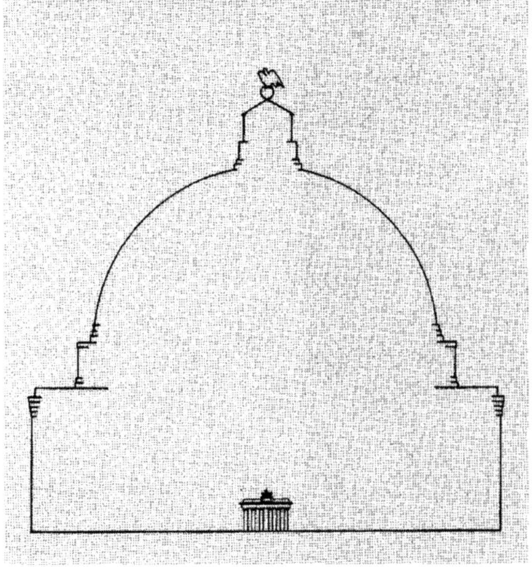

Die Ausmaße der von Speer geplanten Großen Halle im Verhältnis zum Brandenburger Tor.

Markenzeichen und Symbol des neuen Kanzleramtes seit dem Jahr 2001 ist die fast 90 Tonnen schwere Stahlskulptur „Berlin" des baskischen Spaniers Eduardo Chillida (* 1924). Mit ihren zwei Armen, die sich gegenseitig nahezu berühren und durchdringen, verkörpert sie den Gedanken von „Teilung" und „Vereinigung" – durchaus auch im politischen Sinne. Die Skulptur nimmt eine ähnlich bedeutende Stellung ein wie die berühmten „Large Two Forms", von Henry Moore vor dem alten Bundeskanzleramt in Bonn.

Südlich vom Bundeskanzleramt liegt die „Skulpturenwiese", die unmittelbar nach dem Mauerbau von Gerson Fehrenbach, Erich Reischke und Joachim Schultze-Bansen initiiert worden war. Als „Mauer aus Kunst wider alle Mauern der menschlichen Tyrannei" entstanden diese Skulpturen auf der Grünfläche zwischen Kongresshalle und dem damals im Wiederaufbau befindlichen Reichstag. Die insgesamt 24 jungen Künstler aus zwölf Nationen hatten bereits im November 1961 trotz des hereinbrechenden Winters mit ihren Arbeiten begonnen. Obwohl die Skulpturen ungegenständlich waren und den damaligen Sehgewohnheiten widersprachen, nahm die Berliner Bevölkerung regen Anteil daran. Die „Skulpturenwiese" war leider keine Vorgabe für die Bebauung des Regierungsviertels. Die Skulpturen verblieben deshalb nicht am originalen Standort – dort war der Parkplatz wichtiger – wurden aber nach öffentlicher Diskussion dennoch saniert und in die neue Parkanlage integriert.

In Richtung Reichstag geht es über die **Paul-Löbe-Allee**, an deren Seite sich das Paul-Löbe-Haus befindet. Es ist nach dem sozialdemokratischen Reichstagspräsidenten (1920-24 und 1925-32) der Weimarer Zeit benannt worden. Paul Löbe lebte von 1875 – 1967. In diesem Gebäude haben rund ein Drittel der Abgeordneten des Deutschen Bundestages sowie zahlreiche Ausschüsse ihre Heimstatt gefunden. Das Gebäude gehört zu dem „Band des Bundes“, das neben dem Bundeskanzleramt auch das Marie-Elisabeth-Lüders-Haus und das Paul-Löbe-Haus umfasst.

Das Marie-Elisabeth-Lüders-Haus befindet sich am östlichen Ufer der Spree und ist nach der liberalen Reichstagsabgeordneten und Vorkämpferin der Frauenrechte benannt. Marie-Elisabeth-Lüders (1878-1966) war die erste Frau, die 1912 in Deutschland promovierte. Die 600 Räume groß gewordene „Marie“ bildet mit dem Paul-Löbe-Haus am westlichen Ufer gestalterisch und funktional

Blick auf die Mauer vor der Charité, 1989

eine Einheit. Durch eine auch der Öffentlichkeit zugängliche Fußgängerbrücke über die Spree sind die Gebäude miteinander verbunden. Die Räume des Hauses werden von einer glasüberdachten Mittelhalle erschlossen. Auf der Uferseite befindet sich die Rotunde der zentralen Parlamentsbibliothek, die drittgrößte nach Washington und Tokio. Teile von Ben Wargins „Parlament der Bäume gegen Krieg und Gewalt“ sind hier integriert worden. Neben dem Parlamentsarchiv und anderen wissenschaftlichen Diensten sind hier außerdem Büros und der zentrale Anhörungssaal mit 145 Sitzplätzen untergebracht. Eingefasst von Parlamentsbauten entsteht an der Spree ein öffentlicher „Schmuckplatz“.

Das Jakob-Kaiser-Haus, benannt nach dem CDU-Gründer (1888-1961) und Bundesminister für Gesamtdeutsche Fragen (1949-1957), ist mit 3000 Räumen der größte und teuerste öffentliche Neubau der Nachkriegszeit in Deutschland. Er wurde im Januar 2002 fertiggestellt und besteht aus jeweils vier sechsgeschossigen Blöcken links und rechts der Dorotheenstraße. Sie sind durch Tunnel unterhalb und zwei Glasröhren hoch über der Straße miteinander verbunden. Ein tief liegender Gang unter dem früheren Reichstagspräsidentenpalais führt direkt zum Reichstagsgebäude.

In die von fünf Architektenteams gebauten „Dorotheenblöcke“, eine Mischung zwischen preußischer Strenge und mediterraner Leichtigkeit, sind drei Altbauten integriert worden: an der Nordseite das einstige Reichstagspräsidentenpalais, in den Südblöcken das frühere Bankhaus Sommer und die frühere Kammer der Technik. In dieser kleinen „Stadt

37
36
2
121
Moabit
Mitte
Tiergarten
Hansa-Viertel
Tiergarten
Krankenhaus Moabit
Haus d. Gesundheit
Poststadion
Sommerbad Poststadion
Stadtbad Tiergarten
Schloß-Park
Fritz-
Museum f. Gegenwart
Soz.ger.
Lehrter Güter-bahnhof
Gedenkstein (Günter Liftin 1. Maueropfer)
Übergang Invalidenstraße
versunkenen Mauer
Brechthaus
BM f. Wirtschaft u. Technik
Pl. v. d. Neuen Tor
Krankenhaus Charité
Humboldt-Universität
BM f. Bildung u. Forschung
Oranienburger Tor
Stilles Museum
St.-Hedwig Krkhs.
Oranienburger Str.
Turmstr.
Kleiner Tiergarten
Landgericht
Amtsgericht
Justizvollzugsanstalt Moabit
H.-Zille-Sdlg.
Lehrter Stadtbahnhof
Humboldthafen
Max-Planck-Inst. f. Infekt.biol.
Deutsches Theater
Friedrichstadtpalast
Univ.-Klinik
Univ.-Frauenkl.
Monbijoupark
Bodemuseum
Bundesministerium des Inneren
Alt Moabit
Invalidenstr.
Carl-von-Ossietzky-Park
Spree
Lessingbrücke
Moabiter Brücke
Parlament der Bäume gegen Krieg und Gewalt
TRÄNENPALAST
Friedrichstr.
Museumsinsel
Bundeskanzleramt
Paul-Löbe-Haus
M.-E.-Lüders-Haus
R.-Koch-Museum
Bundespresseamt
Alte Museum
Berliner Dom
Bellevue
Hansa Platz
Akademie d. Künste
Bellevue Park
Schloss Bellevue
Bundespräsidialamt
Haus d. Kulturen d. Welt
Skulpturenwiese
Bundestag (ehem. Reichstagsgebäude)
Jakob-Kaiser-Haus
Unter den Linden
Humboldt-Universität
Englischer Garten
Sowjetisches Ehrenmal
Der Rufer
Brandenburger Tor
Pariser Platz
Platz des 18. März
Straße des 17. Juni
Siegessäule
Großer Stern
Rosengarten
Neuer See
Holocaust Denkmal (gepl.)
BM (in Bau)
BM f. Arb. u. Soz.
Landesvertretungen
Französ. Str.
Hausvogteiplatz
Gendarmenmarkt
Ausw. Amt
BM d. Justiz
Mohrenstr.
Stadtmitte
Leipziger Str.
Potsdamer Platz
Leipziger Platz
Bundesrat
BM Finanz
Museum f. Post u. Telekom.
Wachturm Stresemannstraße
Kunst.gew. Museum
Philharmonie
Kulturforum
Gedenkstätte 20. Juli
Potsdamer Str.
Lennéstr.
Ebertstrasse
Wilhelmstr.
Tiergartenstr.
Hofjägerallee
Entlastungsstr.
Landwehrkanal
Spreeweg
Altonaer Str.
Paulstr.
Rathenower Str.
Stromstr.
Lessingstr.
Torstr.
Friedrichstr.

des Parlaments" befinden sich die Büros der Fraktionen, mehr als 50 Konferenzsäle und die Räume von mehr als 300 Parlamentariern mit ihren Mitarbeitern. Zum Gebäudekomplex gehören auch Läden, TV-Studio und das Kasino mit 570 Plätzen.

Am Spreeufer entlang kann man am Jakob-Kaiser-Haus, am ARD-Hauptstadtstudio und am Bundespresseamt vorbei zum ehemaligen **„Übergang Bahnhof Friedrichstraße"** radeln. Der Bahnhof Friedrichstraße lag zwar ebenfalls in Ost-Berlin, war aber als Umsteigebahnhof im S-Bahnnetz und als Fernbahnhof für westliche Fahrgäste zugänglich. Der nördliche S-Bahnsteig – nur für die Ost-Berliner – war mit Stahlplatten abgetrennt und wurde scharf überwacht.

Heute stellt sich der Bahnhof in frisch renoviertem Glanz dar. Neben vielen Einkaufsläden befindet sich hier auch ein Fachgeschäft, in dem Fahrräder repariert, verkauft und auch verliehen werden.

Das flache Gebäude, das alle Grenzgänger über den Bahnhof Friedrichstraße passieren mussten, nannte der Volksmund

„Weiße Mahnkreuze" am Reichstag, 1989

„Tränenpalast". Seinen Namen erhielt er wegen der vielen Tränen, die die Menschen beim Abschied von ihren Verwandten und Freunden zu mitternächtlicher Stunde vergossen hatten. Heute tobt im „tRÄNENpALAST", aus dem ein Kulturzentrum mit Konzerten, Kabarett und Partys geworden ist, um Mitternacht das Leben. Geblieben ist der Name. Doch das Kulturzentrum ist gefährdet, weil das Gelände bebaut werden soll und der Zugang zum Tränenpalast nicht unter Denkmalschutz gestellt wurde.

Die Weidendammer Brücke am Bahnhof Friedrichstraße, insbesondere das Geländer über der Spree mit „Preußens Adler", besang Wolf Biermann in der „Ballade vom preußischen Ikarus", seinem letzten Lied vor der Ausbürgerung aus der DDR im November 1976. Das Foto mit dem Liedermacher vor diesem Geländer war Cover von gleichnamigem Buch und Schallplatte. Heute geht der Weg hinter dem Reichstag nach rechts am **Reichstagspräsidentenpalais** vorbei zum Brandenburger Tor.

Von einem Fenster des Reichstagsgebäudes aus hatte der Sozialdemokrat Philipp Scheidemann am 9. November 1918 die Republik proklamiert. Er kam damit Karl Liebknecht zuvor, der zwei Stunden später vom Berliner Stadtschloss (Unter den Linden) aus die „sozialistische Republik" ausrief.

Berliner Stadtschloss

König Friedrich I. von Preußen (1657-1713) beauftragte 1701 zunächst Andreas Schlüter (1660-1714) und dann Eosander von Göthe (1670-1729) mit dem Umbau des Renaissance-Schlosses auf der Spreeinsel zum Barockschloss. Mit dem Eosander-Portal erhält es 1854 seine endgültige Gestalt. Das

Berliner Stadtschloss, das größte Barockbauwerk nördlich der Alpen, war – wie auch das Schloss Charlottenburg – im Krieg durch Bombeneinschlag stark beschädigt worden. Es wurde auf Befehl von Walter Ulbricht im Herbst 1950 dem Erdboden gleichgemacht, weil „das Zentrum unserer Hauptstadt, der Lustgarten und das Gebiet der jetzigen Schlossruine, zu dem großen Demonstrationsplatz werden (müssen), auf dem der Kampfwille und Aufbauwille unseres Volkes Ausdruck finden können".

Der damalige Stadtrat für Bau- und Wohnungswesen, Arnold Munter, der nur die Stadtmauer und das alte Wirtshaus „Zur letzten Instanz" bewahren konnte, schilderte 45 Jahre später, wie das mit dem Schloss ablief: "Ich wollte gern in nächster Nähe dabei sein und versteckte mich hinter dem riesigen Kaiser-Wilhelm-Denkmal, das damals noch vor dem Schloss stand. Ich wartete ab, bis sich der Staub gelegt hatte, und ging dann rüber, um mir das Ergebnis anzuschauen. Plötzlich kam ein Auto mit sowjetischen Offizieren heraus und sagte: ´Nun hör mal Genosse, was sprengst du Schloss, wir haben Kreml auch

„Wrapped Reichstag" von Christo und Jeanne-Claude, 1995

nicht gesprengt!´ Aber nun war es nicht mehr zu ändern..." .

Auf dem Gelände des Berliner Stadtschlosses wurde 20 Jahre später, von 1973 bis 1976 unter der Leitung des Architekten Heinz Graffunder der „Palast der Republik" gebaut. Der Bau ist 180 m lang und 85 m breit, auffällig ist sein bronziertes Glas. In seinem Inneren findet man den Großen Saal mit 5.000 Plätzen, den Plenarsaal der ehemaligen Volkskammer der DDR, mehrere Restaurants, Bars und Cafés sowie ein Theater.

Der wegen der zahlreichen Beleuchtungskörper im DDR-Volksmund auch „Erichs Lampenladen" genannte „Palazzo Prozzo" wurde im September 1990 nach Asbestfunden von der frei gewählten DDR-Volkskammer aus Gesundheitsgründen geschlossen.

Seitdem tobt in Berlin die Diskussion über den Abriss des Palastes und den Wieder- oder Teilaufbau des Stadtschlosses. Eine von der Bundesregierung unter dem früheren Wiener Stadtbaurat Hannes Swoboda geleitete Experten-Kommission „Historische Mitte Berlin" hat im Januar 2002 mit knapper Mehrheit (8:7) ein Bauwerk in den Dimensionen des gesprengten Hohenzollern-Schlosses befürwortet, hinter dessen Barock-Fassaden sich zeitgenössische Architektur verbergen soll. Bei der vorgesehenen Nutzungen hat die Kommission einstimmig votiert. Drei Nutzer sollen gemeinsam den Schloss-Neubau füllen: die Staatlichen Museen mit ihren Sammlungen außereuropäischer Kulturen, bislang im Dahlemer Museumskomplex weit abseits vom neuen Zentrum beheimatet; die Humboldt-Universität mit ihren wissenschaftshistorischen Sammlungen und schließlich die Stadt- und Landesbibliothek, die bislang auf zwei entfernte Standorte in Mitte

Reichstag, 2002

und Kreuzberg verteilt ist und sich als Magnet mit täglichem Publikumsverkehr anbietet.

Das Eosander-Portal (IV) auf der Westseite des Schlosses, eine Nachbildung des Triumphbogens des Kaisers Septimus Severus in Rom, mit dem Balkon, von dem aus Karl Liebknecht 1918 die „sozialistische Republik" ausgerufen hatte, war vorher aus dem Schloss herausgetrennt und 1964 als steinernes Original-Zitat in die Fassade des neuen DDR-Staatsratsgebäudes eingefügt worden. Derselbe Balkon war übrigens am 1. August 1914 Ort der Ansprache von Kaiser Wilhelm II. zum Beginn des Ersten Weltkrieges.

Reichstag

Der Reichstag wurde von Paul Wallot (1841-1912) errichtet. Die erste Sitzung fand 1894 statt. Am 27.2.1933 wurde er in Brand gesetzt, was die Nationalsozialisten zum Anlass nahmen, die Demokratie in Deutschland restlos auszulöschen. Die Kuppel des Reichstags war im Krieg beschädigt und 1954 demontiert worden.

Bei der ersten Sanierung (1961-1971) wurde der Reichstag – ohne Kuppel – von Paul Baumgarten funktionstüchtig modernisiert. Bis 1995 beherbergte das Gebäude die Dauer-Ausstellung „Fragen an die Deutsche Geschichte". Der Deutsche Bundestag durfte in dieser Zeit den Reichstag nutzen, ausgenommen waren die Plenarsitzungen und die Ausschüsse für Verteidigung und Auswärtige Angelegenheiten.

Dass Berlin heute Sitz von Bundestag und Bundesregierung ist, verdankt es einer knappen Entscheidung vom 20.6.1991 im Deutschen Bundestag. Die Abgeordneten stimmten mit 338:321 – bei einer Enthaltung – dem Antrag „Vollendung der Einheit Deutschlands" zu, der von Willy Brandt u. a. eingebracht worden war.

Brandenburger Tor kurz nach dem Bau der Mauer, 1961

Seine heutige Gestalt verlieh dem Reichstagsgebäude der Umbau nach einem Entwurf von Sir Norman Foster. Vor Beginn des Umbaus wurde der Reichstag zu einem speziellen Kunstobjekt. Mit seiner spektakulären Verhüllung hatte das Künstlerpaar Christo und Jeanne-Claude einen 24 Jahre lang gehegten Wunsch realisiert. Der **„Wrapped Reichstag"** war ein voller Erfolg. Rund um die Uhr pilgerten in der Zeit vom 24.6.-7.7.1995 nahezu fünf Millionen Besucher zum Reichstag.

Am 19. April 1999 fand mit der feierlichen Schlüsselübergabe die erste Sitzung des Deut-

Die Mauer am Brandenburger Tor, 1976

schen Bundestages im neu gestalteten Reichstagsgebäude statt. Am 23. Mai 1999 wurde der Sozialdemokrat Johannes Rau dort zum Bundespräsidenten gewählt.

Die **Glaskuppel** kann über spiralförmige Rampen erklommen werden. Es bieten sich hervorragende Ausblicke in alle Richtungen des Parlaments- und Regierungsviertels sowie angrenzende Quartiere. Entsprechend trifft man vor dem Westportal des Reichstags häufig lange Warteschlangen von Besuchern an. Auf dem Dach des Reichstags befindet sich ein Restaurant, das öffentlich zugänglich ist.

Scheidemann-/Ebertstraße

Der Mauer-Radweg führt weiter zur **Scheidemann-/Ebertstraße**, an der mit zahlreichen Kreuzen der vielen Maueropfer gedacht wird. Auf einem großen Kreuz liest man: „Heinz Sokolowski, 48 J., Ost-Berlin, gestorben 25.11.65. Nach 7 Jahren DDR-Haft erschossen auf der Flucht".

In der **Ebertstraße** sieht man wieder die doppelte Kopfsteinpflasterreihe, die bis zum Platz des 18. März führt.

Sowjetisches Ehrenmal

In der Straße des 17. Juni, unweit des Brandenburger Tores, befindet sich das **„Sowjetische Ehrenmal"**, *das am 11. November 1945 zu Ehren der Roten Armee und in Erinnerung an Deutschlands Befreiung vom Faschismus errichtet worden war. Es wurde wie auch der U-Bahnhof Mohrenstraße – mit Marmorplatten von Hitlers ausgebombter Reichskanzlei ausgestattet. Das Sowjetische Ehrenmal wird flankiert von zwei sowjetischen Panzern und zwei sowjetischen Haubitzen, die 1945 als Erste Berlin erreicht haben sollen.*

Auf dem Mittelstreifen der Straße des 17. Juni befindet sich die im Mai 1989 aufgestellte Bronzeplastik „Der Rufer", nach einem Entwurf von Gerhard Marcks.

Brandenburger Tor

Das **Brandenburger Tor** *war das berühmteste Symbol für die Spaltung der Stadt. „Die deutsche Frage ist offen, solange das Brandenburger Tor geschlossen ist" war eine viel zitierte Formulierung von Richard von Weizsäcker, dem Regierenden Bürgermeister von Berlin (1981-1984) und späteren Bundespräsidenten (1984-1994). Deshalb standen in den Tagen*

Brandenburger Tor, 2002

nach dem 9. November 1989 die Menschen insbesondere hier auf der Mauer.

Eine gläserne Hinweistafel am „Platz des 18. März" erklärt die Geschichte des Tores. Es wurde 1788-1791 von Carl Gotthard Langhans nach dem Vorbild der Propyläen in Athen erbaut und gilt als das erste bedeutende Bauwerk des Berliner Klassizismus. Das Schmuckrelief mit dem „Zug des Friedens" an der Ostseite sollte die Bedeutung als „Friedenstor" hervorheben und den siegreichen Abschluss der jahrelangen Kriege von Friedrich II. versinnbildlichen.

Im Jahr 2000 wurde der „Platz vor dem Brandenburger Tor" umbenannt in „Platz des 18. März". Die Hinweistafel vor dem „Haus Sommer" dokumentiert den Anlass der Namensgebung. Seit 1978 hatte sich eine Bürgerinitiative unter der Schirmherrschaft der Schriftstellerin Ingeborg Drewitz und des Regierenden Bürgermeisters von Berlin, Heinrich Albertz (1966/67), unter dem Motto „für demokratische Tradition und revolutionären Geist" dafür eingesetzt, den 18. März zu einem „Nationalfeiertag in beiden deutschen Staaten" zu machen.

Damit sollte an die Märzrevolution von 1848 erinnert werden. Und daran, dass der preußische König Friedrich Wilhelm IV. unter großer Anteilnahme der Bevölkerung vor den im Barrikadenkampf getöteten Freiheitskämpfern sein Haupt entblößen und ihnen die letzte Ehre

Das befestigte Berlin-Cölln von 1688

erweisen musste. Am 22. März 1848 gaben 40.000 Berliner den 254 Opfern, „Märtyrer unserer Freiheiten und Rechte" (Pfarrer Adolf Sydow, 1848), das letzte Geleit zum „Friedhof der Märzgefallenen" in Friedrichshain.

Das Gemälde „Aufbewahrung der März-Gefallenen" von Adolph Menzel (1815-1905) ist eines der ersten Werke politisch engagierter Malerei in Deutschland.

Am 18. März 1990 fanden die ersten und letzten freien Wahlen in der ehemaligen DDR statt. Zehn Jahre später, am 18. März 2000, wurde der Platz in Erinnerung an beide Ereignisse umbenannt. Der Initiator der 18. März-Aktion, Volker Schröder, Gründungsmitglied und langjähriger Schatzmeister der Berliner Grünen, bekam für sein über 20-jähriges Engagement das Bundesverdienstkreuz.

Auf der anderen Seite des Brandenburger Tores, vor dem Gebäude der Akademie der Künste, steht eine zweite Hinweistafel und erklärt die Geschichte des **Pariser Platzes**, dessen Randbebauung nahezu vollendet ist. Zu Mauerzeiten stand das Brandenburger Tor ganz allein auf dem Platz.

Verblieben aus vergangenen Zeiten ist lediglich die Ruine der Akademie der Künste. Hinter der gläsernen Fassade zwischen dem Adlon und der DG-Bank werden die alten Gebäudereste wie in einem Aquarium sichtbar gemacht. Erhalten geblieben sind innerhalb des Neubaus die Ausstellungshallen aus jener Zeit, als aus dem ehemaligen Palais Arnim-Boitzenburg 1907 die „Königlich Preußische Akademie der Künste“ wurde. Die mehr als acht Meter hohen Säle wurden als „Dokumentation des Vorgefundenen“ renoviert. In den alten Räumen hatten die Grenztruppen der DDR „Verwahrräume“ für entdeckte Flüchtlinge eingerichtet. Die Büros und Werkstätten, in denen Hitlers Architekt Albert Speer nach der Requirierung des Hauses 1937 für die Generalbaudirektion seine Ideen für „Germania“ entwickelte, wurden entfernt.

Inzwischen sind die im Krieg zerstörten Zwillingshäuser „Haus Liebermann“ und „Haus Sommer“ durch Josef Paul Kleihues, am historischen Vorbild orientiert, wieder aufgebaut worden. Als der Maler Max Liebermann am Abend des 30. Januar 1933 vor seinem Haus den Fackelzug der Nazis anlässlich von Hitlers Machtergreifung mit ansehen musste, kommentierte er das Spektakel mit dem viel zitierten Satz: „Ich kann gar nicht so viel fressen, wie ich kotzen möchte“.

Sein 1909 gekauftes Haus am Großen Wannsee/Colomierstraße mit Terrasse und Garten, das er 1938 verkaufen musste, und das ihn zu mehr als 200 Gemälden inspirierte, wurde nach 30-jährigem Einsatz einer Bür-

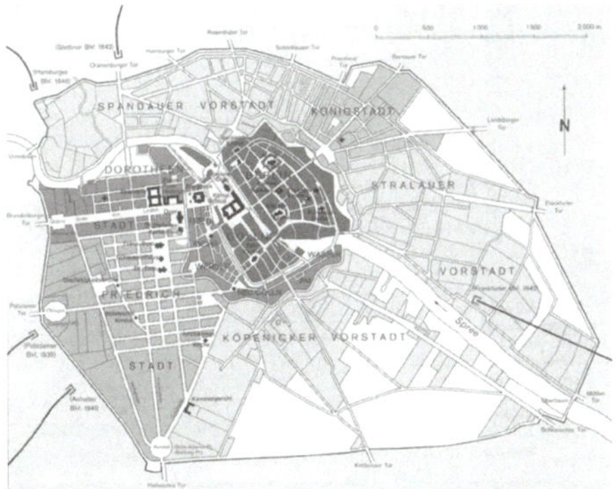

Die Zollmauer von 1734/36 mit den bis 1850 fertiggestellten Bahnhöfen

gerinitiative nun endlich unter Denkmalschutz gestellt. Es soll als Ort der Erinnerung sowie als Ausstellungs- und Begegnungsstätte zeitgenössischer Kunst dienen. Zum 155. Geburtstag des Malers am 20. Juli 2002 findet bzw. fand die erste Ausstellung zum Thema „Max Liebermann in Wannsee“ statt.

Hinter dem Hotel Adlon befindet sich die britische Botschaft. Die französische Botschaft ist in Bau ebenso wie das Gebäude der Akademie der Künste. Auf dem Eckgrundstück Pariser Platz/Ebertstraße soll 2003 mit dem Bau der am Ende des Krieges ausgebrannten Botschaft der USA begonnen werden, so dass die Diplomaten dort ab 2006 wieder residieren werden.

Die Zollmauer des „Soldatenkönigs“

Das Brandenburger Tor ist das einzige, das von den einst 14 Toren der „Zollmauer“ heute noch erhalten ist. An die anderen Tore erinnern nur noch die Namen: Hallesches Tor, Schlesisches Tor, Prenzlauer Tor, Frankfurter Tor etc. In der 2. Hälfte des 17. Jahrhunderts entstanden um die Doppelstadt Berlin-Cölln drei neue Städte. Friedrichswerder bekam 1662 das Stadtrecht, die Dorotheenstadt erhielt es 1674, und südlich der Straße Unter den Linden wurde seit 1688 die Friedrichstadt gebaut. Durch königliches Dekret wurden sie 1710 mit Berlin und Cölln zur Residenzstadt Berlin *vereinigt. Seit 1734 wurde eine neue Mauer errichtet. Sie diente weniger militärischen, sondern vor allem fiskalischen Zwecken. An ihren Toren wurde eine Verbrauchssteuer erhoben, die Akzise. Gleichzeitig sollte die Mauer die in Berlin einquartierten Soldaten am Desertieren hindern. Fast alle Bahnstrecken nach Berlin endeten in Kopfbahnhöfen vor der alten Zollmauer. Das barocke Grenzbauwerk war bis 1868 noch intakt.*

Aus den abgedruckten Kartenausschnitten wird deutlich, dass die Zollmauer das Stadtbild bis in die Gegenwart prägt. Im Bereich zwischen Unterbaum und Potsdamer Tor markierte sie jahrzehntelang die spätere Bezirksgrenze zwischen Mitte und Tiergarten bzw. zwischen Berlin (Ost) und Berlin (West). Im Stadtbild ist sie auch heute noch durch die U-Bahn-Linie 1 und die Stresemannstraße zu erkennen, auf deren Mittelstreifen unweit vom Anhalter Bahnhof 1988 ein Teilstück neben ihren freigelegten Fundamenten rekonstruiert worden ist.

Ebertstraße

Die Pflasterung des Mauerstreifens geht quer

SonyCenter, 2002

über die **Ebertstraße***, die fast vollständig im Grenzstreifen lag, auf die westliche Straßen-*

seite. Auf der südlichen Seite der Behrenstraße wird das **„Mahnmal für die ermordeten Juden Europas“** *nach einem Entwurf des jüdischen Architekten Peter Eisenman realisiert. Die 2700 bis zu vier Meter hohen Beton-Stelen erzeugen von oben betrachtet den Eindruck einer bewegten Meeresoberfläche. Mit dem Stelenfeld, „ohne Anfang und Ende, ohne Eingang und Ausgang“ möchte Eisenman einen Raum erzeugen, in dem sich der Besucher „verloren“ vorkomme und ein „bleibender Eindruck in der Psyche des Besuchers hervorgerufen wird, etwas anderes als die Schuldgefühle, die ein Besuch in einer KZ-Gedenkstätte erzeugt. Unter dem Stelenfeld befindet sich der „Ort der Information“. Mit dem Bau soll im Frühjahr 2002 begonnen werden, am 27. Januar 2004, dem deutschen Gedenktag für die Opfer des Nationalsozialismus, soll das Mahnmal eröffnet werden.*

Die ehemaligen Ministergärten schließen sich an, in denen heute zahlreiche Bundesländer ihre Landesvertretungen errichtet haben. Die Ebertstraße führt am Tiergarten vorbei zum **„Lenné-Dreieck“**, auf dem ein Komplex mit Büro-Hochhäusern, Luxus-Appartements und einem Ritz-Hotel gebaut wird. Im Untergrund befinden sich hier vier Tunnelröhren der neuen Berliner Nord-Süd-Fernbahn. Der im Rohbau fertig gestellte Straßentunnel der B 96 befindet sich am westlichen Ende des Lenné-Dreiecks.

Potsdamer Platz mit Sony-Center und Daimler-City.

Lenné-Dreieck

Das **„Lenné-Dreieck“** *war 1988 Schauplatz eines eher heiteren „Grenzzwischenfalls“. Das etwa vier Hektar große Gelände zwischen Lenné-, Bellevue- und Ebertstraße gehörte zwar zu Ost-Berlin, lag aber außerhalb der Mauer. Um dort die sechsspurige „Nord-Süd-Straße“ zu bauen, hatte der Senat das Lenné-Dreieck für 76 Mio. DM von der DDR gekauft.*

Am 26. Mai 1988 besetzten Umweltschützer aus Protest gegen diese Pläne das Gelände. Als der Gebietsaustausch am 1. Juli 1988 in Kraft trat, rückten 900 West-Berliner Polizisten an, um das Lenné-Dreieck zu räumen. Die 200 Besetzer sprangen über die Mauer und entzogen sich so der Festnahme. Die DDR-Behörden – offenbar vorgewarnt – reagierten gelassen, versorgten die Jugendlichen mit einem Frühstück und schickten sie nach Feststellung der Personalien über verschiedene Grenzübergänge wieder nach West-Berlin zurück. Das war die einzige „Massenflucht“ von West nach Ost.

Index

Rund ums IJsselmeer
Internationale Dollard-Route
Radatlas Ost-Friesland
Nordseeküsten-Radweg
Nordseeküsten-Radweg
Nordseeküsten-Radweg
Nordseeküsten-Radweg
Radfernweg Berlin – Kopenhagen
Radatlas Niederrhein
Weser-Radweg
Deutsche Fehnroute
100 Schlösser im Münsterland
Lüneburger Heide-Radweg
Limfjord-Route
Radatlas Mecklenburgische Seen
Ostseeküsten-Radweg
Rhein-Radweg
Radatlas Vulkaneifel
Leine-Radweg
Ems-Radweg
Elbe-Radweg
Elbe-Radweg
Berliner Mauer-Radweg
Ostseeküsten-Radweg
Rhein-Radweg
Mosel-Radweg
Ruhr-Radweg
Lahntal-Radweg
Fulda-Radweg
Muldental-Radweg
Radatlas Brandenburg
Oder-Neiße-Radweg
Rhein-Radweg
Saar-Radweg
Saarland-Radweg
Deutsche Burgenstraße
Main-Radweg
Main-Tauber-Fränkischer Rad-Achter
Radatlas Brandenburg
Spree-Radweg
Neckar-Radweg
Nahe-Radweg
Deutscher Limes-Radweg
Drei Täler-Radweg
Radatlas Donau-Allgäu
Liebliches Taubertal
Werratal-Radweg
Rennsteig-Radweg
Iller-Radweg
Kocher-Jagst-Radweg
Bodensee-Radweg
Donau-Bodensee-Radweg
Iller-Radweg
Radatlas München
Tour de Baroque
Fünf-Flüsse
Enz-Nagold-Radweg
Lenne-Route
Bodensee-Königssee-Radweg
Europa-Radweg R1
NiederRheinroute
Via Claudia Augusta
Deutscher Limes-Radweg
Schwäbische-Alb-Radweg